인지정서행동치료의
기독교적 적용

박경애 · 오인숙 공저

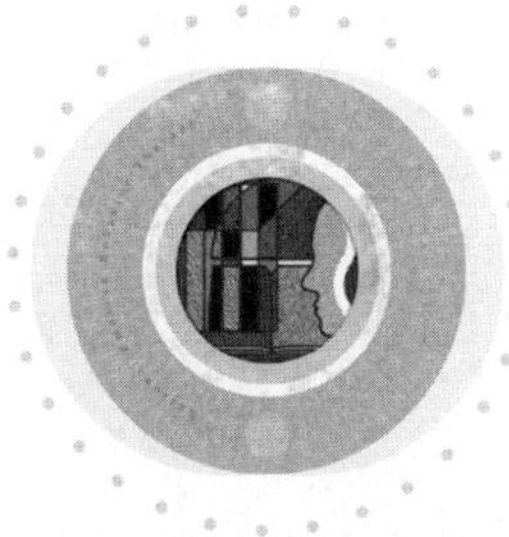

학지사

머리말

우리나라에는 전 인구의 약 20%에서 25%에 달하는 천주교와 개신교를 합한 기독교인이 있다. 교인들은 인생의 어려움이나 심리적 고통이 있으면 우선 성직자를 찾아가서 도움을 요청하는 경향이 농후하고, 신앙적 교리 내에서 상담을 받기를 원한다. 최근에는 기독교 교리에 근거한 조력활동을 기독교상담, 또는 목회상담이라고 명명하고, 이 기독교(목회상담)이 상담의 한 전문적인 분야로 성장하고 있는 과정 중에 있다.

저자들은 최근에 상담과 심리치료의 새로운 경향으로 주목받고 있는 인지행동치료의 원조 이론인 인지정서행동치료(Rational Emotive Behavior Therapy)를 기독교상담에 적용하는 방법을 제시하여 신자들을 더욱더 효과적으로 돕는 데 일조하고 싶은 간절한 열망이 있었다. 기독교를 믿는 상담자 중에서 인지행동치료에 기반이 있는 전문가들은 이 책을 잘 활용하면 신자들 중에서 잘못된 자기이해, 세상사에 대한 자기식의 해석, 그리고 왜곡된 신앙관으로 혼돈을 겪고 있는 성도들을 상담할 때에 도움이 될 것이다.

인지정서행동치료에서 핵심이 되는 요인인 인지는 기독교의 신(神)에 대한 믿음인 신앙과 같은 개념이다. 이에 착안하여 인지정서행동치료에서 주장하는 과정과 절차를 기독교의 교리와 성경에 접목할 수 있는 방법을 모색하려고 하였다. 제1부는 대표 저자인 박경애에 의해서 집필되었고, 제2부는 오인숙에 의해서 집필되었다. 제1부는 3개 장으로 구성되어 인지정서행동치료(REBT)와 기독교상담에 대한 전반적인 이론을 다루었다. 제2부는 4복음서로 구성된 신약성경에 나오는 총 35개의 사례 중에서 REBT 상담과정이 나와 있는 사례 30개를 발췌하여 직시모형, 왜곡모형, 대립모형으로 나누어서 총 3개 장에서 기술하였다.

원고를 집필하는 과정에서는 영어에서는 신(God)이 한국의 천주교에서는 하느님, 개신교에서는 하나님으로 사용되기 때문에 용어의 통일을 하지 못한 점이 아쉽다. 제1부의 저자는 천주교 신자이므로 천주교 성경과 용어를 사용했고, 제2부의 저자는 개신교 신자이기 때문에 개신교 성경과 용어를 사용했음을 밝혀 둔다. 제2부의 성경 인용에서는 개신교에서 많이 활용하는 성경과 2005년 한국천주교 주교회의에서 간행한 성경을 동시에 제시하여 개신교와 천주교 신자인 독자 모두가 편리하도록 노력하였다.

이 책은 박경애에 의해서 집필된 『인지 · 정서 · 행동치료』(1997, 학지사)를 먼저 읽고 공부하면 효율적으로 더 잘 이해할 수 있을 것이다. 이 책의 저술에 2009년 연구비를 지원해 준 광운대학교에 감사드린다.

2012년

저자 일동

REBT

차 례

제5장 **왜곡모형에 따른 상담사례 • 81**

제6장 **대립모형에 따른 상담사례 • 203**

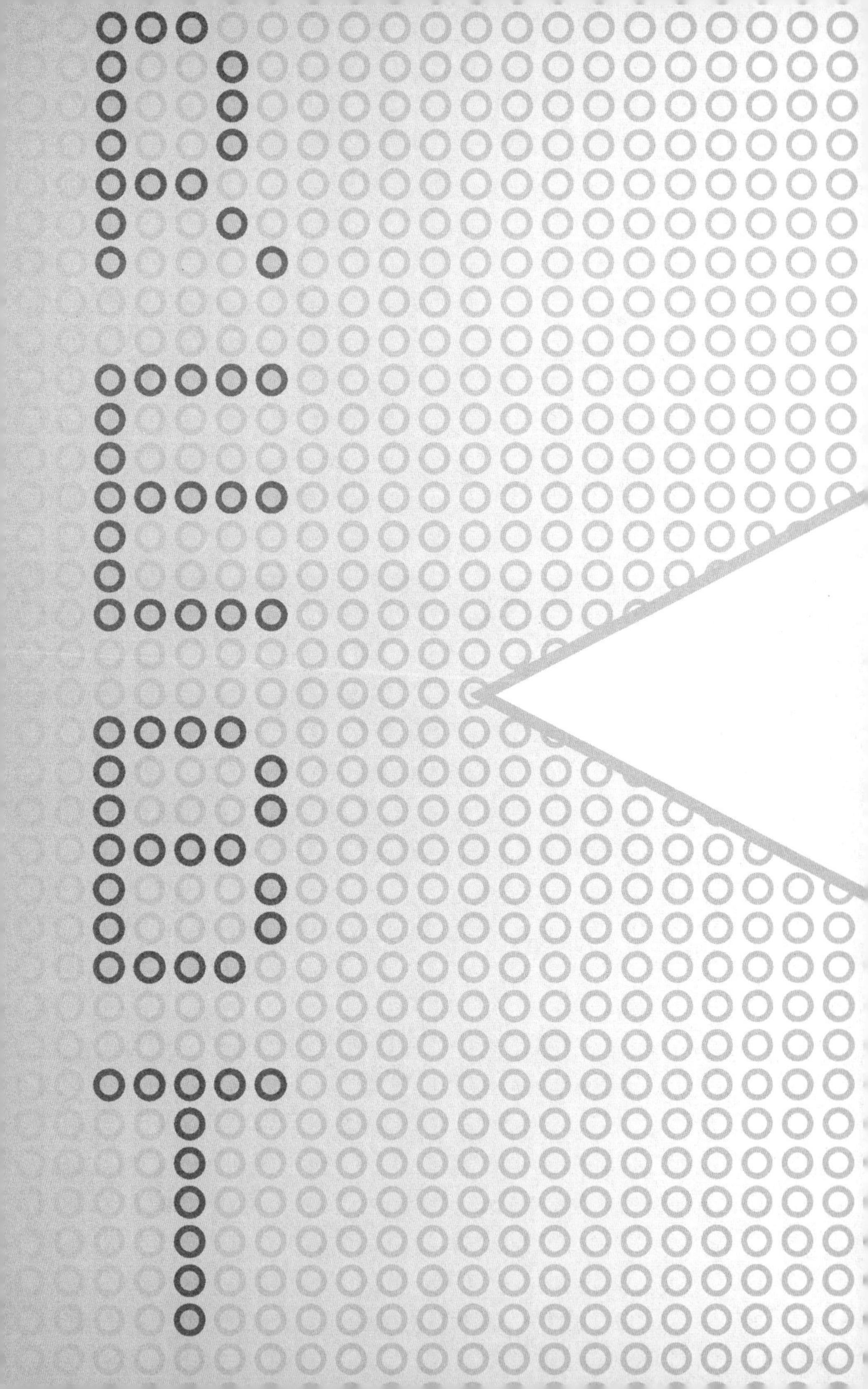
REBT

제1부 인지정서행동치료의 기독교적 적용

인지정서행동치료의 기독교적 적용에 대한 기본 개념

제1장

인지정서행동치료와 기독교상담

현대심리학에서 인정하고 있는 상담이론은 약 200여 가지다. 그 중에서도 인지정서행동치료(Rational Emotive Behavior Therapy, 이하 REBT)는 단일 이론으로는 가장 많은 상담전문가들이 활용하고 있는 이론이다(Warner, 1990). Warner는 인지정서행동이론을 창시한 Albert Ellis를 가장 영향력 있는 심리학자로 꼽고 있다.

DiGiuseppe 등(1990)에 따르면 REBT는 중립적이고 구성주의적인 관점에서 대부분의 문제에 접근하지만 기본적인 원칙들은 종교적 이념들과 겹쳐지는 부분이 많다고 한다. 특히 다른 심리치료 체계보다 유대교나 기독교적 입장에 더 가깝다. 실제로 REBT 상담을 하는 전문가 중에 많은 사람들이 REBT와 기독교 신학 사이에 유사성이 있다고 말해 왔다(Bearman, 1978; Beit-Hallahmi, 1980; Carter,

1986; Johnson, 1992; Jones, 1989; Lawrence, 1987; Lawrence & Huber, 1982; Nielsen, 1994; Warnock, 1989; Young, 1984). 몇몇 REBT 상담자는 자신만의 기독교적 REBT 이론을 발전시키고 치료에 접목시키기도 했다(Backus, 1985; Hauck, 1972; Johnson, 1993; Nielsen, Johnson, & Ridly, 2000; Powell, 1976; Robb, 1988; Stoop, 1982; Thurman, 1989).

여기에는 다소 의도치 않은 부분이 있다. 인지정서행동이론의 창시자인 Ellis는 원래 무신론자로 전 생애에 걸쳐서 종교는 비합리적 사고와 정서질환의 주요 원인이라고 강조했기 때문이다(Ellis, 1960). Gary Walls(1980)라는 심리학자도 또한 신앙이란 것이 비합리적이기 때문에 상담자들은 내담자들의 신앙을 버림으로써 더욱 합리적이 될 수 있다고 믿었다. 그러나 Bergin(1983), Bergin과 동료들(1988)의 연구에 의하면 이러한 주장이 꼭 들어맞는다고 볼 수도 없다. Ellis 자신도 오랜 세월이 흐른 후 신앙에 대한 자신의 관점을 바꾸어 자신의 이론을 수정하였다. 그 역시 무조건적 자기 수용, 무조건적 타인 수용, 좌절에 대한 높은 인내성, 성취와 인정에 대한 필요보다는 갈망, 책임감의 수용, 자기 지시에 대한 수용, 삶의 위험에 대한 수용, 불완전성에 대한 철학, 방해를 수용하는 것에 대한 철학 등의 REBT적 관점이 주요 종교적 관점과 현저하게 일치하고 있음을 인정했던 것이다(2000). 〈표 1-1〉은 Ellis(2002)가 자신의 이론과 기독교 신앙을 12가지 영역에서 비교한 것이다. 기독교 신앙에서는 인간사의 주관자인 하느님께 모든 것을 의탁하는 내용으로 되어 있다.

〈표 1-1〉 기독교상담과 인지정서행동치료(REBT)의 비교

	인지정서행동치료(REBT)	기독교상담
자기 조절과 변화	즉각적인 만족을 얻고자 하는 것은 쉽게 훈련될 수 없기에, 매일의 생활에서 즐거움을 찾고 능숙한 방법으로 평생의 행복을 추구하는 훈련을 해야 한다.	하느님은 우리에게 어느 정도의 자유 의지와 자신을 존중할 수 있는 능력과 제어할 수 있는 힘을 주셨으므로 하나님의 도움으로 우리 자신을 훈련시킬 수 있다.
무조건적 자기 수용	나는 무조건적인 자기 수용을 할 수 있고 나를 '좋은 사람'으로 간주할 수 있다. 왜냐하면 나는 살아 있는 인간이기 때문이다.	하느님은 자비로우셔서 죄인인 나를 항상 용서해 주며 더 이상 죄를 짓지 말라고 하신다. 하느님은 죄는 용납하지 않지만 죄인들은 받아들이신다.
좌절에 대한 높은 인내성	최악의 상황이라 해도 매우 불편할 따름이다. 두려워하거나 무서워할 것은 없다.	하느님의 도움으로 나는 최악의 스트레스를 극복할 수 있다.
타인의 수용	모든 인간은 실수할 수 있다. 나는 사람들이 실수할 수 있고 잘못된 행동을 할 수도 있다는 것을 받아들인다.	주님께서는 나에게 네 원수를 사랑하고 선을 행하며 그를 위해 기도하라고 하신다. 그리고 자비로운 자에게 복이 있다고 하신다.
성취	나는 일을 잘 처리하고 나에게 중요한 사람들에게 인정받기를 좋아한다. 하지만 그것이 결코 내가 가치 있는 사람이라는 것을 증명하기 위한 것은 아니다.	나는 하느님의 자녀다. 하느님께 순종하고 헌신하는 것은 바람직하지만, 만약 주목할 만한 성취를 못했다 해도 나는 가치 있는 사람이다.
인정과 사랑 욕구	내가 중요하다고 여기는 사람에게 인정과 사랑을 받는 것은 좋은 일이지만, 내가 그렇지 못하다 해도 나 자신을 수용하고 즐겁게 살 수 있다.	만약 온 세상을 얻고도 나의 영혼을 잃는다면 무슨 소용이 있을까? 하느님이 나를 조건 없이 사랑하시기 때문에 나는 타인의 사랑이나 인정에 흔들릴 필요가 없다.

책임감 수용하기	어려운 일을 처리하고 책임을 진다는 것은 힘들지만, 그것을 무시하고 방치하면 결국 더 힘든 상황이 온다.	하느님은 내가 어려운 일, 책임을 져야 하는 일에 직면하면 그것을 해결할 수 있는 길로 인도하신다.
자기 지시를 수용하기	포용력 있고 신앙적인 사람들에게 위안을 받으면 좋지만, 남에게 의존할 필요는 없다. 정신적 위안을 위해 나보다 강한 누군가를 찾을 필요도 없다.	나는 스스로를 돕고 돌볼 수 있는 능력을 가지고 있으며, 또한 내게는 위로와 도움을 주실 하느님이 계신다.
과거의 교훈	나의 과거가 힘들고 어려웠더라도, 지금의 나는 예전의 내가 가졌던 생각, 감정, 행동을 변화시킬 수 있다.	하느님과 하나가 될 때 새로운 삶을 살 수 있다. 이제 옛것은 지나갔으니 새 삶을 선택하자.
삶의 위기 수용하기	인생이란 많은 위험, 불안, 고통을 포함하고 있지만 그것들을 앞당겨서 걱정할 필요는 없다.	하느님은 나와 함께 계신다. 하나님이 내게 닥칠 위험, 불안, 고통을 어떻게 다루어야 할지 알려 주실 것이다.
불완전성	나는 잘하려고 노력하지만 완벽하게 해야 한다고 생각하지는 않는다. 나의 불완전함을 수용하면서 최선을 다하겠다.	하느님은 나에게 완벽하게 되라고 강요하지 않으신다. 세상에 완전한 존재는 오직 하느님 한 분이시다. 나는 단지 내게 주어진 삶을 더 잘 살려고 노력할 뿐이다.
심리적 장애	불안과 우울 같은 혼란스러운 감정은 매우 불편하지만 그것이 나를 두렵게 하거나 멍청한 사람으로 만드는 것은 아니다. 만약 내가 그 감정들을 있는 그대로 받아들인다면 나는 그런 감정들을 효과적으로 잘 다룰 수 있으며, 그것들을 최소화할 수 있다.	하느님은 불안 혹은 우울과 같은 혼란스러운 감정과 함께 나를 받아 주시고 문제를 성공적으로 해결할 수 있도록 도움을 주신다. 내가 정말로 방해를 받는다면 하느님이 도와주셔서 그 어려움을 잘 헤쳐나갈 수 있을 것이다.

Nielson 등(2002)은 종교를 가진 내담자들을 위한 치료적 접근의 특징을 다음과 같이 설명했다.

첫째, 내담자의 종교적 신념은 문제 해결에 대한 희망을 비롯한 모든 면에서 종교가 없는 내담자의 관점과 확연하게 차이가 날 것이다.

둘째, 내담자의 종교적 신념은 그가 도식을 조직화하는 본질적인 구조를 알려 준다. 심리치료에서 내담자의 종교적 신념을 조정하거나 통합시켜 주는 일은 내담자의 도식을 새로 조직화하는 것과 유사하다. 이렇게 내담자의 도식을 새롭게 조직화하는 것은 치료를 촉진할 수 있다.

셋째, 종교적 전통과 일치하는 심리치료적 모델 중에서도 독특한 형태를 띤 REBT는 신념이나 신념의 변화에 초점을 맞추고 있다. 종교 역시 체계화된 교리에 특정한 신념을 주입시키고 그것을 강화시키며 교리적 신조와 맞지 않는 신념은 교정하려고 하는 것이 특징이다. 원칙적으로 신념의 영향에 대한 이해를 중요시하는 REBT 이론의 본질과 비합리적 신념을 변화시키는 REBT의 기본 목표, 그리고 신념의 변화를 모색하는 REBT의 기법은 종교를 가진 내담자에게 친근하게 여겨질 수 있다.

넷째, 주요 종교의 기본적인 견해, 교리, 전통은 대개 REBT 이론을 지지하고 있다. 각 종교마다 교리는 다양하지만 근본적 목표는 자기 패배적인 심리적 불안을 감소시키려는 REBT의 목표와 거의 일치하기 때문이다.

다섯째, REBT의 핵심 가설과 기본 목표가 대부분의 종교의 핵심 견해와 어느 정도 유사하기 때문에, 신념을 중재할 때 내담자가 믿고 있는 종교적 전통의 기본 요소를 활용할 수 있다.

앞에서 여러 학자들이 설명한 것처럼 REBT 상담기법은 기독교인들에게는 다음의 두 가지 이유에서 더욱더 적합하다(McMinn, 1996).

첫째, REBT 상담은 내담자가 현실을 정확하게 이해하고 있는지 알기 위해 그들의 사고를 진리와 비교하게 한다. 이런 접근법은 명확한 진리의 기준이 없는 불가지론자들에게는 적절치 못할 수도 있다. 그러나 기독교인들은 진리가 성경에 있다고 믿기 때문에, 성경의 진리를 자신들의 생각을 평가하는 기준으로 삼을 수 있다.

둘째, 기독교인들은 절대적이고 무조건적인 하느님의 사랑을 믿기 때문에 REBT 상담기법을 적용하기가 쉽다. 내담자들은 대개 다른 사람들에 의한 거부, 버려짐, 사랑받지 못함에 대한 뿌리 깊은 공포심을 갖고 있다. 부모, 동기, 또래와의 원만치 못한 인간관계가 이런 공포심을 낳은 경우가 많다. REBT 상담은 이러한 공포심을 치료하기 위해 "다른 사람들이 또 나를 거부하려 해요."라고 소리치는 핵심 신념을 내담자 스스로 논박하게 한다. 그런데 하느님의 무조건적인 사랑을 인정하는 기독교인들은 이러한 잘못된 신념에 대해 좀 더 쉽게 논박할 수 있다. 인간관계, 심지어 우리의 부모, 자녀, 배우자, 친구들과의 관계에서도 우리는 종종 거부를 경험한다. 그러나 하느님의 사랑은 결코 거부로 끝나지 않는다.

REBT 상담을 기독교적으로 적용할 때에 강조하는 점은 내담자가 신앙인이라면 상담에서 자신이 지닌 핵심 신념의 변화는 그가 지닌 하느님에 대한 개념의 변화, 하느님 안에서 공동체에 대한 개념의 변화가 수반될 때가 있음을 인정해야 한다. 적어도 이 부분은 상담자가 내담자를 대상으로 기독교상담을 할 때 부가적인 부분이 아닌 핵심적인 부분이다. 즉 기독교인이 가지는 사고를 신앙적인 내용으로 바꾸어 주는 것이야말로 치료의 가장 핵심이 되어야 한다는 말이다.

기독교상담자는 내담자가 신앙에 대해서 잘못 이해하고 있는 것이 무엇인지를 탐색하여 이를 발견해야 한다. 그런 다음 내담자가 이를 스스로 깨닫고 논박하게 해야 한다.

REBT 상담에서는 신념이 가장 중요한 상담의 주제인데, 이 신념이 종교에서는 신앙이 된다. 신념과 신앙은 영어로 똑같이 beliefs라고 하며 이는 근본적으로 같은 개념이다. 그러므로 신앙이 있는 내담자에게 종교와 REBT 상담기법을 접목하여 활용하는 것은 보다 효과적인 상담의 결과를 위해서 의미 있는 일이다.

한국인의 대표적 종교 중 하나인 기독교에서의 상담은 다음의 세 가지 내용을 그 핵심으로 하고 있다(심수명, 2004).

첫째, 기독교상담은 영적인 부분까지도 다루며 성령의 인도를 중요하게 생각한다. 로마서 12장 2절에서 사도 바오로는 이렇게 말한다. "여러분은 현세에 동화되지 말고 정신을 새롭게 하여 여러분 자신이 변화되게 하십시오. 그리하여 무엇이 하느님의 뜻인지, 무엇이 선하고 하느님 마음에 들며 무엇이 완전한 것인지 분별할 수 있게 하십시오." 이 말씀은 REBT에서 말하는 인지 재구성과 같은 개념이다. 다만 기독교상담은 인지 재구성의 과정을 이끄는 주체로서의 상담자와 내담자 이외에도 제3의 주체로서 성령을 포함하고 있다는 점이 다를 뿐이다. 기독교상담에서는 사람이 성령의 인도하심을 통해 핵심 신념을 바꾸고 하느님의 생각에 따라가게 된다고 설명한다.

둘째, 기독교상담은 내담자가 이 세상의 문제에만 초점을 두지 않고 하느님 나라에 대해 응답하도록 한다. 즉, 내담자가 당면한 문제를 해결하는 것에만 초점을 두지 않고 더 나아가 인간의 내면 깊은 곳에서 떠오르는 죄와 죽음의 문제를 해결하는 것에 중점을 둔다. 미성숙한 인간이 자신의 아픔을 통해 그리스도의 고난을 경험하고 성숙의 경지로 나아가게 하는 것이다.

셋째, 기독교상담은 인간으로 하여금 자신의 죄에 직면함으로써 죄를 용서받을 수 있음을 깨닫게 한다. 또한 이제까지 가졌던 왜곡된 가치관과 하느님에 대한 잘못된 이해를 버리고 올바른 하느님을 알게 함으로써 소망의 삶을 살도록 한다. 기독교상담의 최종 목표는 영적 소외, 신체적 질병으로 인한 소외, 사회적 관계에서의 소외를 경험하는 내담자가 하느님에 대해 바른 인식을 갖고 건전한 자아상을 정립하도록 하는 것이다.

이상의 세 가지 기독교상담의 핵심을 REBT 상담에 적용할 때에는 다음과 같은 점을 유념해야 한다. 우선 상담자나 내담자가 성령의 존재를 인정해야 한다. 인간의 사고와 행동의 변화를 유도할 때 개인의 의지도 중요하지만 성령의 존재를 믿고 자신이 변화되고 싶은 바를 성령의 힘에 의지할 수 있어야 한다. 기독교상담은 또한 이 세상에서 일어나는 문제에만 초점을 두지 않고, 하느님에 대한 올바른 인식과 건전한 자아상을 정립하도록 한다는 점도 REBT 상담과 일치한다. REBT에서는 당면한 문제에 대한 신념의 변화를 넘어서서 근본적인 삶의 철학을 바꿀 것을 강조하기 때문이다.

Propst(1988)는 그의 저서 『종교적 구조 속의 심리치료』에서 인지상담기법과 기독교상담이 결합할 때에 효과적인 치료를 위한 환경이 만들어진다고 보았다. 그는 인지상담이 내담자에게 치료에 대한 이론적 근거를 제공하고 내담자 스스로 자신의 사고하는 방식을 바꾸도록 함으로써 기독교상담과 상호 시너지 효과를 낸다고 설명했다.

그러나 REBT 상담과 기독교상담에도 서로 다른 부분이 있음을 인정해야 한다. REBT에서는 과학적 발견을 모든 지식의 근간으로 하는 심리학에 기반을 두고 있지만, 기독교상담은 계시된 진리인 신학에 근거를 두고 있다. 그렇기 때문에 REBT 상담을 기독교적으로 적용할 때에는 기독교신학의 계시성, 교리의 신비성 등을 근원적으로 수용해야 한다.

제2장

인지정서행동치료와 기독교상담의 기본 개념

여기에서는 인지정서행동치료(REBT)를 기독교적으로 적용할 때에 기본적으로 고려해야 할 기초 개념에 대해서 기술하고자 한다.

1. 인간에 대한 관점

심리학에서는 인간을 정신과 육체로 구분하고, 정신을 다시 정서와 인지로 구분한다. 반면, 기독교의 경전인 성경에서는 인간을 영, 혼, 육으로 구분하고 있다. 영은 하느님과의 관계를 의미하는데, 주로 기독교 교리에서 다루는 인간의 영역이다. 혼과 육은 심리학적인 영역으로 다른 사람들과의 관계나 생리학적 환경과의 관계를 의미한다. REBT를 기독교적으로 적용할 때에는 기존의 심리학에서 전혀 다루지 않았던 영적인 부분을 인정해야 한다.

2. 생각의 근원

REBT에서는 인간의 생각이 태어난 이후 환경과 문화에 의해서 학습되는 것이라고 하며, 그 생각은 합리적일 수도 있고 비합리적일 수도 있다고 주장한다. 이것은 기독교에서도 마찬가지다. 기독교 교리에서도 인간이 지닌 비합리적이고 그릇된 생각은 인간의 타락한 속성에서 기인하기도 하지만 어린 시절에 생겨난 것들도 있다고 말한다. 잠언 22장 15절 "아이의 마음에 자리 잡은 미련함은 교훈의 매가 치워 준다."에 따르면 인간은 태어날 때부터 어리석은 생각들을 갖고 있으며 자라나면서도 그릇된 생각들을 갖기 쉬운 존재다.

3. 사건과 생각, 그리고 정서와 행동과의 관계

◆ 생각이 정서와 행동을 낳는다

REBT에서는 인간이 한 사건에 대해서 어떤 의미를 부여하는가에 따라서 정서적 · 행동적 반응이 결정된다고 주장한다. 즉, 어떤 사건이 일어났을 때 그 사건에 대해 어떻게 사고하느냐에 따라서 인간의 정서와 행동이 달라진다고 본다. 이는 사고가 정서를 앞선다는 뜻이다. 평온하게 있는 사람 앞에 갑자기 으르렁대는 호랑이가 나타난다고 가정하자. 그러면 사람들은 자신도 모르게 호랑이를 피할 것이고 몸에는 각종 신체적 증상들이 나타날 것이다. 이는 으르렁대는 호랑이는 인간을 해칠 수 있다는 생각이 자동적으로 대뇌를 스치고 지나갔기 때문이지, 미처 생각할 겨를이 없었다고 말하기는 어렵다.

그러므로 인지 기능이 어느 정도 발달한 이후에는 생각과 신념에 따라 감정이 결정된다는 것이 일반적인 견해다. 기독교의 사도 바오로의 관점도 인지상담자들의 견해와 같다. 경직된 역기능적 사고는 부적절한 정서와 부적응 행동을 낳게 하는 반면, 유연한 기능적 사고는 적절한 정서와 적응적인 행동을 낳게 한다. 예수님 자신도 산상수훈에서 살인과 간음이 악한 생각에서 비롯된다고 가르치셨다. 이렇듯 기독교인들은 바오로 사도의 가르침은 물론 예수님의 가르침 속에서도 생각이 중요하다는 것을 알고 인지상담을 적용해야 한다.

사도 바오로와 같은 시대의 인물로 기독교로 개종한 그리스 철학자 에픽테투스의 "인간을 방해하는 것은 사건이 아니라 그것을 받아들이는 관점이다."라는 말이 지금까지 회자되고 있다.

◆ 감정이 생각보다 앞선다

그러나 학자에 따라서는 감정이 생각보다 앞선다고 주장하는 경우도 있다. 이 학자들은 신생아들이 자신의 경험을 해석하기 전에 감정을 느낀다는 사실을 예로 든다. 인지적으로 사건을 해석하는 능력은 아직 발달되어 있지 않은 신생아들의 경우 동물적 감정이 먼저 나타나는 것이 사실이다. 심리학자 Zajonc(1980, 1984)는 이와 같이 감정이 생각보다 앞설 수 있다고 주장하며 다음과 같은 근거를 제시하고 있다. 첫째, 유아들은 경험을 해석할 수 있는 능력을 갖기도 전에 느낄 수 있다. 아기가 배가 고프거나 성이 났을 경우 주변의 사건을 인지적으로 해석할 수 없지만 그 감정은 경험한다. 둘째, 감정과 생각은 대뇌에서 서로 다른 신경계의 영향을 주고받는다. 셋째, 감정과 생각이 별개일 때가 많다. 사람들 중에는 비행기 여행에 대해 막연한 두려움을 느끼는 경우가 있다. 머릿속으로는 안전하다고 생각하지만 감정적으로는 엄청난 두려움을 느끼는 것이다. 고층 빌딩 사이에 간이 건널목을 만들어 놓고 그곳을 건너는 자에게 100억을 주겠다고 제의한다면 대부분의 사람들이 거절할 것이다. 100억을 받기 위해 그곳을 건너고 싶다고 생각은 하겠지만 혹시라도 떨어지면 죽는다는 두려움이 앞서서 그런 제의를 선뜻 수락하지 못하는 것이다. Lazarus(1982, 1984)는 사고를 요구하지 않는 정서가 있다는 Zajonc의 말에 동의하면서도 분노, 죄책감, 행복감, 사랑과 같은 많은 정서가 생각에서 비롯된다는 것을 강하게 주장했다.

◆ 사고와 정서의 순환적 관계

사고와 정서는 사실 서로가 서로에게 영향을 미치는 순환적 관계에 있다. 이를 이해하지 않고 사고와 정서의 관계를 설명하다 보면 직선적 사고의 오류와 범주적 사고의 오류를 만나게 된다(McMinn, 1996).

• 직선적 사고의 오류

직선적 사고의 오류는 "만약 A하면 B할 것이다."라는 식의 사고다. 사실 인간사의 많은 부분이 이런 사고로는 설명될 수 없다. 예를 들어, "우리 아이가 공부를 잘하면 내가 잘해 줄 텐데."라고 생각하는 사람은 자신이 아이에게 잘해 주었을 때 아이가 공부를 잘할 수 있다는 가능성을 간과하게 된다. 그것은 세상을 바라보는 시각이 직선적 사고에 머물러 현상을 제대로 짚어 내지 못하는 오류를 범하는 것이다.

• 범주적 사고의 오류

범주적 사고의 오류는 현실을 제한된 범위에 끼워 맞추려 하기 때문에 현실을 있는 그대로 정확하게 볼 수 없는 오류를 말한다. 특히 사물을 이분법적으로 보려고 할 때 이러한 오류를 범하기 쉽다. 사람의 행동은 계속해서 변화하기 때문에 일관된 경향을 띠기 어려운데도 우리들은 그 사람을 편중된 모습으로 지각하는 오류를 범한다. 예를 들어, "그 사람은 게으르다." 또는 "그 사람은 부지런하다."라는 식으로 말하는 것이다. 부지런한 사람이라고 해도 자기가 하기 싫은 일을 수행할 때에는 게으를 수 있으며 게으른 사람이라고 해도 자신이 좋아하는 일을 수행할 때는 부지런할 수 있는데 한 가지 모습만으로 그 사람을 단정짓는 것이다. 그렇기 때문에 사물을 범주화하다 보면 사물을 정확하게 보는 것으로부터 멀어지게 된다.

사고와 감정 간의 관계를 분석하다 보면 위에서 제시한 두 가지 논리적 오류를 만나게 된다. 사고가 감정보다 앞선다는 사실을 주장하는 인지상담자들은 "만약 A하면 반드시 B하다."라는 식의 직선적 사고의 오류에 빠지기 쉽다. 또한 Zajonc처럼 모든 감정은 사고 없이 나타난다는 것을 주장하면 현실을 제한된 범주에 끼워 맞추어 지각하려는 범주적 사고의 오류에 빠지게 된다. 그래서 McMinn(1996)은 감정이 아무런 사고 없이 자동으로 생겨날 수도 있지만 대부분은 사고 때문에 만들어지며, 사람은 자동으로 생겨난 감정조차 인지적으로 해석하여 새로운 감정을 만들어 내기도 한다고 주장한다. 예를 들어, 특정 곤충에 대한 공포증이 있는 사람은 그 곤충을 볼 때마다 더욱더 경악했다. 물론 이때는 아무런 사고 작용이 일어나지 않았다. 그러나 이 사람은 자신의 사고를 통해 이 느낌을 해석했다. 즉 "저것은 끔찍해." "어떤 일이 있더라도 저것은 피해야 돼." 하는 식의 해석으로 스스로 공포심을 강화했다. 전통적인 인지상담자들은 사고가 정서와 행동을 유발한다는 가설을 받아들이고 있지만 경험적으로 사고와 감정이 끊임없이 상호작용하면서 의식적인 경험을 만든다는 사실도 받아들이는 것이 상담할 때에 도움이 된다. 그러므로 인지상담자는 사고에 의해 정서와 행동이 나타나지만 사고에 의해 파생된 정서와 행동이 얽혀서 또 다른 역기능적 생각을 불러올 수도 있다는 것을 내담자에게 잘 설명해 주어야 한다.

• 생각과 감정의 시간차

인간의 대뇌가 어떻게 작동하는지를 아는 것은 REBT의 핵심 개념인 사고와 정서 간의 관계를 파악하는 데 도움이 된다. 인간의 대뇌에는 신피질(neocortex)이라는 부분이 있다. 이 신피질은 뇌의 주름 잡힌 외부층인데 고도의 정신 기능을 담당하고 있다. 신피질은 감정과 기억의 중추부이며, 뇌간의 가까이에 위치한 변연계(limbic system)로 정보를 전달하면 실제 자료를 분석하는 역할을 맡는 변연계에서 감정이 생성된다. 이처럼 감정이 생성되는 과정을 알고 나면 생각과 감정의 시간 차가 왜 일어나는지 알 수 있다. 이 같은 생각과 감정의 시간 차를 '변연계 지연현상'이라고 한다(Litchfield & Litchfield, 2002). 변연계의 감정 반응은 인식과 신념에 따라 매우 다르게 나타난다. 감정은 사실에 대한 인식 뒤에 따라오는 것이다. 변연계 지연현상은 무엇이 옳은지 알고 그렇게 행동하면서도 감정은 그렇게 행동하는 것에 대해서 불편함을 느끼는 이유를 설명해 준다.

◆ 생각, 정서, 영 그리고 총체적 인간

영(spirit)은 인간의 정서와 생각에 관련된 정신적 영역을 초월해 주로 신앙적 세계에서 다루는 인간을 이루는 요인이다. 대부분의 기독교상담자들(McMinn, 1996)은 사람들이 영적으로 건강해야 정서적으로 건강하다고 보지만 정서적으로 건강해야 영적으로 건강하다고 보지는 않는다. 그러나 이들도 영적 건강과 정서적 건강 사이에 분리할 수 없는 어떤 연관성이 있다는 것을 알고 있다. 사실 영적 건강과 정서적 건강을 구분 짓는 것은 인간이 무엇이든지 분리하고 범주화하려는 속성이 있기 때문이다. 상담은 목회상담학자 Cline Bell (1984)의 지적대로 영과 정서를 포함하는 총체적 인간의 치유와 성장을 목표로 해야 한다.

4. 인지정서행동치료의 기독교적 적용에 대한 선행조건

인지상담이론과 기법을 기독교상담에 적용할 때 필요한 선행조건에 대해서 생각해 보자. McMinn(1996)은 저서 『그리스도인 상담에 있어서 인지치료기법』에서 다음과 같이 설명했다.

◆ 각 개인의 독특성에 대한 이해

인간은 저마다 자기만의 독특한 지문과 음성을 지니고 있는 것처럼 성격도 모두 다르다. 가지고 태어난 유전자, 생활환경이 다를 뿐 아니라 영적인 순례기도 다르며 하느님이나 성경, 신학에 대한 개념도 다르다. 상담에서 바람직한 치료적 환경을 조성하려면 내담자가 지니고 있는 이러한 독특성과 개체성에 대한 이해가 선행되어야 한다. 그러므로 상담을 할 때에 기도와 성경말씀을 활용하는 것은 전적으로 내담자의 필요에 따라 결정된다는 것이다. 예를 들어, 아내는 다른 남자에게 미소를 지어서는 안 된다는 부권주의를 믿고 있는 남성 내담자를 상담할 때에는 굳이 이와 관련한 성경구절을 활용할 필요가 없다. 그가 쉽게 자신의 관점을 버리지 않을 것이기 때문이다. 반면 우울증이 심한 여성 내담자의 경우에는 성경을 읽을 때마다 경험하는 죄책감으로부터 벗어나는 것을 돕기 위해서 그녀가 평소에 자주 읽던 성경구절 대신 성경 전체의 흐름에 주목하게 한다. 먼저 성경에 대해서 내담자가 지니고 있는 두려움을 탐색하고 성경 속의 죄를 저주하는 구절만 뽑아 읽었던 습관을 자각시킨 후 성경구절 전체에 흐르는 은혜와 용서를 맛보게 해 줌으로써 내담자를 치료하는 것이다. 이렇듯 내담자의 특성에 따라 성경과 기도 등의 기독교 신앙적 요소를 변별하여 사용하여야 궁극적으로 내담자가 고통을 치료하여 하나님의 사랑을 받아들일 수 있다.

◆ 사고과정을 조절하고 통제할 수 있는 능력, 사고와 정서 간의 관계에 대한 이해

복합인지(metacognition)는 생각하는 것에 대해 생각할 수 있는 능력, 즉 사고과정을 이해하고 통제하는 능력을 일컫는다. 인지상담을 받는 내담자는 이 복합인지에 대해서 익숙해져야 한다. 이것이 선행되지 않으면 자신의 경직되고 파괴적인 생각을 깨닫고 유연하고 생산적인 생각으로 바꾸기 어렵게 된다. 기독교적 치유도 복합인지 기술을 필요로 한다. 사도 바오로는 로마서 12장 2절에서 "여러분은 현세에 동화되지 말고 정신을 새롭게 하여 여러분 자신이 변화되게 하십시오. 그리하여 무엇이 하느님의 뜻인지, 무엇이 선하고 무엇이 하느님 마음에 들며 무엇이 완전한 것인지 분별할 수 있게 하십시오."라고 했다. 이 말씀에 따르면 마음을 새롭게 하는 것은 기독교인의 의무다. 이와 더불어 빌립보서 4장 8절의 말씀도 살펴보자. "형제 여러분, 참된 것과 고귀한 것과 의로운 것과 정결한 것과 사랑스러운 것과 영예로운 것은 무엇이든지, 또 덕이 되는 것과 칭

송받는 것은 무엇이든지 다 마음에 간직하십시오." 여기서도 역시 성도들에게 참되고 올바른 것을 생각하도록 가르치고 있다. 이렇듯 인지상담에서는 생각에 대해서 따지고 논리적으로 생각할 수 있는 능력이 요구된다.

◆ 상담자와 내담자의 종교

기독교적 인지상담이 가장 효과적일 때에는 상담의 두 주체인 상담자와 내담자가 모두 기독교 신자일 때다. 어느 한쪽이 신자가 아니라면 기독교적 인지상담이 적용되기가 어렵기 때문에 상담의 효과 자체를 논의하기 어렵다. 양편의 종교적 신념이 일치할 때 세부적인 종교적 가치에 대해서도 논의할 수 있으며 상담 장면에서 성경의 말씀, 기도 등을 활용하는 것에 대해서도 고려해 볼 수 있다.

◆ 성령(holy spirit)의 조력에 대한 인정

REBT를 기독교상담에 적용할 때에는 성령의 존재를 인정하고 이를 상담과정에 활용해야 한다. 특히 기독교에서는 성령의 도우심으로 비합리적인 거짓 신념을 변화시키고 새로운 신념으로 내재화시킬 수 있다고 한다. 성령이 없이는 거짓 신념에 대치되는 합리적인 진리를 알 수 없다는 것이다.

요한복음 16장 13절에는 이렇게 나와 있다. "그분 곧 진리의 영께서 오시면 너희를 모든 진리 안으로 이끌어 주실 것이다. 그분께서는 스스로 이야기하지 않으시고 들으시는 것만 이야기하시며 또 앞으로 올 일들을 너희에게 알려 주실 것이다." 이 구절에 의하면 성령은 하느님의 말씀에 따라 역사하시며 우리 안의 상처와 고통의 원인인 비합리적 거짓 신념과 맞서 싸워 주신다. 그리하여 결국 합리적 진리를 내담자의 마음속에 심어 주는 데 결정적인 역할을 한다.

제3장

기독교적 인지정서행동치료의 과정

1. ABCDE의 적용

REBT 상담과정의 핵심은 A-B-C-D-E로 불리는 틀이다. A(Activating Event)는 사건, 상황, 행동 또는 개인의 태도이며, C(Consequence)는 각 개인의 반응이나 정서적 결과다. 이 반응은 적절할 수도 있으며 부적절할 수도 있다. REBT에서는 A(선행사건)가 C(정서적 결과)를 초래한다고 보는 것이 아니라 각 개인의 A에 대한 믿음인 B(Belief)가 C인 정서적 반응을 초래한다고 본다. 예컨대 P라는 사람이 이혼 후에 극심한 우울증을 경험한다고 하면, 이혼이라는 사건 자체가 P로 하여금 우울증을 경험하게 하는 원인이 아니라 배우자를 잃은 사실에 대한 P의 믿음이나 사고가 우울을 초래한다고 보는 것이다. 이처럼 자신의 정서반응이나 장애를 일으키는 비합리적인 생각을 어떻게 바꾸면 될지 그 방법을 내담자에게 제시하는 것이 REBT의 핵심이다. 이 방법이 바로 D(Dispute)로 표현되는 논박이다. D는 내담자가 자신의 비합리적인 생각을 고치는 데 적용할 수 있는 과학적인 방법이다. 비현실적이고 검증할 수 없는 자기파괴적 가설을 논리의 원리를 가르침으로써 포기하게 하는 것이다. Ellis는 성공적인 상담이 비합리적 사고를 계속적으로 논박하여 어느 정도 재교육에 성공하느냐에 따라 좌우된다고 강조하고 있다. 일단 이런 논박이 성공을 하면 Effect(효과)로서 내담자의 적절한 정서와 적응적 행동이 드러난다.

이 내용을 그림으로 표현하면 [그림 3-1]과 같다.

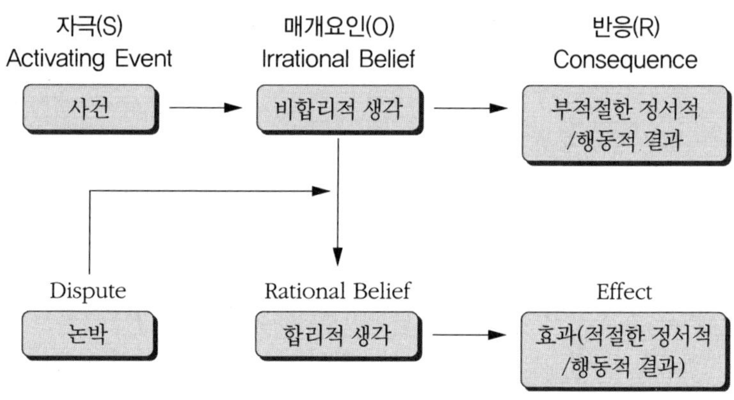

[그림 3-1] A-B-C-D-E 모형

앞에서 제시한 것은 일반적인 REBT의 상담과정이다. 이를 기독교적으로 적용하기 위해서는 기독교의 핵심교리와 신념, 기독교적 비합리적 사고에 대해서 숙지하고 논박을 통한 사고 바꾸기도 기독교적 방식으로 시행해야 한다.

◆ 기독교의 핵심 교리와 신념

이 절에서는 기독교적 합리적 사고와 기독교인들이 보이는 다양한 유형의 비합리적 사고에 대해서 살펴보고자 한다.

◆ 기독교적 합리적 사고

여기서 말하는 합리적 사고는 Ellis가 주장한 현실적이고 논리적이며 실용적인 사고뿐 아니라, 성경적 진리와 일치하는 사고를 뜻한다. 기독교에서는 이를 신앙적 사고 또는 성경적 사고로 일컫는다. 신앙적 사고는 내담자가 왜곡되게 지각하고 있던 하느님에 대한 견해를 바꾸는 것이다. 즉, 하느님을 인간 삶에 참여해 인간의 부르짖음을 들으시고 고난당하는 인간을 돌보시는 존재라고 인식하는 사고다(김예식, 1998). 성경 속에 등장하는 성령이 충만한 그리스도인은 낡은 생각에서 벗어나 새로운 생각을 갖게 된다.

로마서 12장 1~2절의 "그러므로 형제 여러분, 내가 하느님의 자비에 힘입어 여러분에게 권고합니다. 여러분의 몸을 하느님 마음에 드는 거룩한 산 제물로 바치십시오. 이것이 바로 여러분이 그려야 하는 합당한 예배입니다. 여러분은 현세에 동화되지 말고 정신을 새롭게 하여 여러분 자신을 변화되게 하십시오. 그리하여 무엇이 하느님의 뜻인지, 무엇이 선하고 무엇이 하느님의 마음에 들며 무엇이 완전한 것인지 분별할 수 있게 하십시오."라는 구절이나 에베소서 4장 22~24절의 "곧 지난날의 생활방식에 젖어 사람을 속이는 욕망으로 멸망해 가는 옛인간을 벗어 버리고 여러분의 영과 마음이 새로워져 진리의 의로움과 거룩함 속에서 하느님의 모습으로 창조된 새 인간을 입어야 한다는 것입니다."와 같은 구절에도 나와 있듯이 하느님의 뜻에 합하는 사고야말로 기독교적 합리적 사고라고 정의할 수 있다.

◆ **기독교적 비합리적 사고**

기독교적 비합리적 사고는 거짓 신념(false belief), 오류 신념(misbelief), 거짓말(lie) 등으로 묘사된다. 성경 속에는 거듭나지 않는 생각, 이중적인 생각으로 나타나고 있다. 거듭나지 않은 생각은 하느님의 권위를 받아들이지 않는 생각을 뜻한다. 성경에서는 거듭나지 않은 생각에 대한 해결책으로 회개, 즉 생각 바꾸기를 권한다. 이중적인 생각은 바오로 사도가 고린도 교인들에게 꾸짖었던 육적인 생각을 일컫는다. 마귀의 거짓말과 다른 거짓 신념이 사고에 영향을 미치는 것이다. 이러한 생각으로 인해 그리스도인들은 삶에서 승리하지 못하고 패배자로 살게 된다.

◆ **당위적 사고**

기독교인들의 엄격한 자기 규칙은 '반드시 ……해야만 한다.' 또는 '……해서는 안 된다.' 등의 당위적 사고를 통해 나타나기가 쉽다. Ellis는 이러한 당위적 사고를 내담자가 지니고 있는 사고의 절대성과 경직성에 비추어 무해한 당위적 사고와 유해한 당위적 사고로 나누고 있다. 즉, 모든 당위적 사고가 나쁜 것이 아니고 생각의 강도가 너무 지나치게 되면 나쁘다는 것을 강조하고 있다. 예를 들어, 탈출기 20장 14절에서 하느님께서 말씀하신 간음하지 말라는 말씀은 '왜'라는 물음에 의해서 지지될 수 있으므로 당위적 사고라고 할지라도 무해한 당위적 사고에 해당한다. McMinn(1996)도 역시 당위적 사고가 항상 그른 것이 아님을 강조하고 있다. McMinn은 올바른 이유에 의해 지지될 수만 있으면 올바른 당위적 사고가 될 수 있다고 설명한다.

◆ **완벽주의**

완벽주의자는 당위적 사고를 즐겨 사용하는 경향이 있다. 완벽주의의 중심에 있는 비합리적 사고는 '나는 항상, 반드시 내가 하는 일을 잘해야만 한다.'다. 특히 성경에는 완벽주의와 유사한 개념으로 탁월성이 많이 등장하고 있다. 골로사이서 3장 23절의 "무슨 일을 하든지 사람이 아니라 주님을 위하여 하듯이 진심으로 하십시오.", 빌립보서 1장 9~10절의 "여러분의 사랑과 지식이 온갖 이해로 더욱더 풍부해져 무엇이 옳은지 분별할 줄 알게 되는 것입니다."와 같은 구절이 그 예가 될 수 있다. 이러한 성경의 말씀을 율법적인 태도로 추구하다 보면 스스로를 속박하고 좌절시키는 불운한 결과를 낳게 된다.

◆ 기독교의 핵심 신앙과 당위적 사고

기독교인을 대상으로 기독교적 인지상담을 적용할 때 유념해야 할 것이 있다. 기독교의 핵심 사상인 성경의 권위, 동정녀에 의한 예수의 탄생, 인간 예수의 신(神)성, 재림에 관한 것은 당위적 사고의 형태로 나타난다는 것이다. 이것을 당위적 사고이므로 바꾸어야 한다고 강요하는 것은 기독교 신앙의 핵심을 무시하는 처사다. 기독교 신앙에는 인간의 과학으로 설명할 수 없는 초월적인 요소가 있으며, 이것을 인간의 이성으로 설명하는 데는 분명한 한계가 있음을 알아야 한다. 신앙적 교리를 일반 당위적 사고로 여겨서는 안 된다는 뜻이다.

◆ 기독교인들이 보이는 일반적인 비합리적(거짓) 신념

기독교인들은 일반인보다 훨씬 더 많은 비합리적 사고를 지니고 있는 경향이 있다. 그 이유는 첫째, 그리스도인들도 인간이므로 다른 모든 사람과 마찬가지로 영향을 받고, 둘째는 자칫 성경을 잘못 해석하는 일이 있기 때문이다(Litchfield & Litchfield, 2002). 기독교인들이 지니고 있는 비합리적 사고는 다음과 같다.

- 나는 하나님의 사랑과 인정을 받아야만 한다.
- 하나님은 죄와 죄인을 미워하신다.
- 내가 영적으로 강해야만 하나님께 쓰임받을 수 있다.
- 진정한 그리스도인은 분노, 우울, 불안을 느끼지 않는다.
- 내가 그리스도인이기 때문에 하나님은 고통과 고난에서 나를

보호하실 것이다.

- 내게 충분한 믿음이 있다면 치유될 것이다.
- 나의 모든 문제는 내 죄 때문이다.
- 다른 사람들의 모든 필요를 채우는 것은 그리스도인의 당연한 의무다.

◆ 기독교인 상담자가 보이는 비합리적(거짓) 신념

다음은 기독교 신앙을 지니고 있는 상담자에게 있음직한 비합리적 신념이다.

- 나는 모든 내담자를 도울 수 있어야만 한다.
- 나는 내담자들이 문제를 스스로 해결하도록 돕기보다는 말 그대로 내담자의 문제를 해결해 주어야만 한다.
- 나는 그리스도인이기 때문에 사람들이 내게 바라는 어떤 요구든 들어줄 준비를 항상 하고 있어야 한다.
- 나는 절대로 '아니오.' 라고 말해서는 안 된다.
- 나는 하느님은 아니지만 그에 가깝다.
- 나를 필요로 하는 모든 사람과 모든 것에 대해서 나는 전적으로 유능해야만 한다.
- 모든 사람은 도움을 얻기 위해 내게로 와야 한다.
- 내담자를 다른 상담자에게 의뢰하는 것은 나의 무능함을 드러내는 것이다.

◆ 기독교인 내담자가 보이는 비합리적(거짓) 신념

기독교인 내담자들도 다음과 같은 비합리적 신념을 지니고 있다.

- 내 고통이 너무나 크다면 나는 언제든지 상담자의 전적인 관심을 요구하고 그런 관심을 받을 자격이 있다.
- 나의 상담자가 위와 같이 반응한다면 다른 상담자들도 똑같이 해야 한다고 생각한다.
- 그리스도인이라면 누구든지 내가 도움을 바랄 때 도와주어야 한다고 생각한다.
- 내 문제는 내가 해결할 필요가 없고, 나의 상담자가 해결해 줄 것이다.
- 기독교상담자는 상담료를 받아서는 안 된다.

2. 논박하기: 기독교적으로 생각을 바꾸는 방법

◆ 성경 속에 나타난 사고 바꾸기와 그 중요성

성경 속의 예수님은 올바른 행동을 강조하시고 사람들이 새로운 사고를 형성하도록 도우셨다. 회개를 뜻하는 헬라어 metanoia는 생각의 변화를 의미하며, 주로 인지적 선택과 행동을 말한다(Litchfield & Litchfield, 2002). 성경적 REBT의 주창자인 Larry Crabb(1997)의 다음과 같은 지적에 주목해야 한다.

> 변화는 죄된 행동 패턴을 바꾸는 것에 국한되지 않는다. ……
>
> 그것은 하나님의 성령이 우리 안에 있는 핵심적 사고를 새롭게 하도록 허락하는 것을 포함한다. …… 성경적 진리에 대해서 성경을 암송하고 묵상하는 것이 바람직한 것이라고 할지라도 진정한 변화는 거기에서 그치는 것이 아니다. …… 진정한 변화는 속사람의 변화를 의미한다. …… 새롭게 된 사고는 독립성을 보존하는 이미지와 신념으로부터 의존성을 요구하는 이미지와 신념으로 바꾸는 것을 말한다. …… 변화는 우리의 과거나 현재 상황을 바꾸는 것에 달려 있는 것이 아니라 우리의 사고를 새롭게 하는 것에 달려 있다. 과거의 외상적인 기억을 치유하거나 현재 상황을 바꾼다고 해서 진정한 문제가 해결되는 것은 아니다.

성경 속에서는 신념을 바꾸는 것을 새롭게 함, 변화 등의 용어로 표현하고 있다. 새롭게 함(renewing)은 골로사이서 3장 9~11절의 "여러분은 옛인간을 그 행실과 함께 벗어 버리고 새 인간을 입은 사람입니다. 새 인간은 자기를 창조하신 분의 모상에 따라 끊임없이 새로워지면서 참지식에 이르게 됩니다."와 같은 구절이나 고린도후서 4장 16절의 "그러므로 우리는 낙심하지 않습니다. 우리의 외적 인간은 쇠퇴해 가더라도 우리의 내적 인간은 나날이 새로워집니다."와 같은 구절에서 나온 것처럼 '새로 만든다' '완전히 새롭다' '다르다' 등의 의미다. 변화(transformation)는 애벌레가 아름다운 나비로 변화하는 자연계의 현상처럼 초자연적인 형태의 변화를 의미한다. 복음서에는 다음과 같이 변화에 대한 내용이 여러 번 나온다.

로마서 12장 2절의 “여러분은 현세에 동화되지 말고 정신을 새롭게 하여 여러분 자신을 변화되게 하십시오. 그리하여 무엇이 하느님의 뜻인지, 무엇이 선하고 무엇이 하느님 마음에 들며 무엇이 완전한 것인지 분별할 수 있게 하십시오.” 고린도후서 3장 18절의 “우리는 모두 너울을 벗은 얼굴로 주님의 영광을 거울로 보듯 어렴풋이 바라보면서 더욱더 영광스럽게 그분과 같은 모습으로 바뀌어 갑니다. 이는 영이신 주님께서 이루시는 일입니다.” 마태복음 17장 2절의 “그리고 그들 앞에서 모습이 변하셨는데, 그분의 얼굴은 해처럼 빛나고 그분의 옷은 빛처럼 하얘졌다.”

요한복음 10장 10절의 “도둑은 다만 훔치고 죽이고 멸망시키려고 올 뿐이다. 그러나 나는 양들이 생명을 얻고 또 넘치게 하려고 왔다.” 로마서 8장 37절의 “우리는 우리를 사랑해 주신 분의 도움에 힘입어 이 모든 것을 이겨 내고도 남습니다.” 등의 말씀에서 그리스도께서 약속하신 풍성한 승리의 삶을 경험하기 위해서는 나날이 생각을 새롭게 하는 것이 필수적이라는 것을 알 수 있다. 마귀와 사탄과 악의 세력이 우리에게 들려주는 거짓말 때문에 생겨나는 거짓 사고를 끊고, 진리인 하느님의 말씀을 바탕으로 자라난 새로운 사고와 신념으로 마음속을 채워야 한다. 기독교인들은 지속적으로 낡고 헌 비합리적 사고를 버리고 새로운 합리적 사고를 하면서 살아가야 할 의무가 있다. 에베소서 4장 22~24절 “지난날의 생활방식에 젖어 사람을 속이는 욕망으로 멸망해 가는 옛인간을 버리고 여러분의 영과 마음이 새로워져 진리의 의로움과 거룩함 속에서 하느님의 모습에 따라 창조된 새 인간을 입어야 한다는 것입니다.” 이나 골로사이서 3장 8~9절 "이제는 분노, 격분, 악의, 중상, 또 여러분 입에서 나오는 수치스러운 말 따위는 모두 버리십시오. 서로 거짓말을 하지 마십시오. 여러분은 옛인간을 버리고 새 인간을 입은 사람입니다. 새 인간은 자기를 창조하신 분의 모상에 따라 끊임없이 새로워지면서 참지식에 이르게 됩니다." 등의 말씀에 따르면 그리스도인에게도 옛지식, 즉 낡은 비합리적 사고가 남아 있어 그리스도 안에서 우리가 누구인지에 대한 새로운 지식, 즉 합리적 사고를 갖기가 어렵다. 이러한 비합리적 사고를 버리고 진정한 그리스도인이 되려면 계속적으로 현실을 직시하고 진리를 포용해야 한다. 또한 거짓 신념을 고백하고 회개함으로써 새로운 합리적 사고를 받아들여야 한다.

REBT의 기독교적 적용에서 가장 중요한 것은 잘못된 사고를 찾고 그것을 올바른 사고로 바꾸어 내재화하는 과정이다. 이것은 생각처럼 쉬운 일이 아니다. 여기에는 많은 시간과 노력이 든다.

◆ 성경의 구절과 성경 속의 인물을 활용하여 비유적으로 논박하기

REBT를 기독교적으로 적용할 때에는 논박을 기독교적으로 하는 것이 중요하다. 이것은 내담자가 보이는 비합리적 사고를 논박할 수 있는 성경의 구절을 인용하거나, 내담자와 유사한 환경에 처해 있는 성경 속 인물을 찾아내 비유적으로 논박하는 것을 의미한다.

예를 들어, 어떤 내담자가 '나는 더 이상 참을 수 없다.'라는 비합리적 사고 때문에 여러 가지 고충을 겪고 있다면 이에 합당한 성경의 말씀을 고린도전서 10장 13절 "여러분에게 닥친 시련은 인간으로서 이겨 내지 못할 시련이 아닙니다. 하느님은 성실하십니다. 그분께서는 여러분에게 능력 이상으로 시련을 겪게 하지 않으십니다. 그리고 시련과 함께 그것을 벗어날 길도 마련해 주십니다."라는 말씀을 활용할 수 있다. 만약 내담자가 '이런 일을 하다니 나는 정말 한심하고 무가치한 인간이고 구제 불능의 죄인이다.'라는 비합리적 생각을 갖고 있다면 고린도전서 6장 11절 "여러분 가운데에도 이런 자들이 더러 있었습니다. 그러나 여러분은 예수 그리스도의 이름과 우리 하느님의 영으로 깨끗이 씻겨졌습니다. 그리고 거룩하게 되었고 또 의롭게 되었습니다."라는 말씀으로 논박할 수 있을 것이다. 또 아무도 나를 사랑하지 않는다는 생각 때문에 고통받는 내담자라면 로마서 5장 8절 "그런데 우리가 아직 죄인이었을 때에 그리스도께서 우리를 위하여 돌아가심으로써 하느님께서는 우리에 대한 당신의 사랑을 증명해 주셨습니다."라는 말씀으로 논박할 수 있다.

성경 속의 인물을 찾아내 논박하는 경우에는 자신의 신념을 바꾸어 하느님께 순종하는 삶을 살았던 인물들을 활용할 수 있다. 예를 들어, 아브라함은 불가능해 보이는 여건 속에서도 자녀를 주시겠다는 하느님의 약속을 믿기로 선택했다. 욥은 자신의 고통이 죄로 말미암아 내려진 벌이라는 친구들의 비난에도 굴하지 않고 믿음으로 극한 시험을 견뎌 냈다. 다니엘은 사자굴 속에서 죽임을 당할 수도 있다는 사실을 알고 있었지만 순종하는 마음으로 기도했다. 다윗은 거인 골리앗을 두려워하기보다, 하느님의 능력을 믿었다. 호세아는 분노를 억누르며 고멜의 불성실함을 용서하기로 선택했다. 바오로 사도는 자신의 안전보다 하나님에 대한 순종을 구했다. 이 밖에도 성경 속의 인물들을 활용하면 상담 분위기가 훨씬 생생하고 활기차게 바뀔 것이다.

◆ 말씀의 묵상을 통해 생각을 새롭게 하기

시편 119장 97절에는 다윗이 하느님에게 "제가 당신의 가르침을 얼마나 사랑합니까? 온종일 그것을 묵상합니다."라고 고백하는 모습이 나온다. 이렇듯 말씀을 묵상하는 것은 기독교인의 신앙적 성숙을 위해 필수적으로 요구되는 일이다. 생각을 바꾸려고 시도하기 전에 가장 먼저 할 일은 자신에게 필요한 말씀을 찾아 묵상해 보고 마음의 상태를 정비하는 일이다. 예를 들어, 다음에 있는 시편 1장 1~3절까지 말씀을 묵상해 보고 자신이 옳은 행동을 한다면 반드시 좋은 결과가 있으리라는 하느님의 말씀을 침묵 속에서 되새겨 볼 수 있을 것이다.

> 행복하여라!
> 악인의 뜻에 따라 걷지 않고
> 죄인들의 길에 들지 않으며
> 오만한 자들의 자리에 앉지 않는 사람,
> 오히려 주님의 가르침을 좋아하고
> 그분의 가르침을 밤낮으로 되새기는 사람,
> 그는 시냇가에 심겨
> 제때에 열매를 내며
> 잎이 시들지 않는 나무와 같아
> 하는 일마다 잘되리라

이처럼 성경말씀을 묵상하고 기도하다 보면 성령의 힘으로 나의 사고를 바꿀 수 있다. 또한 그 결과로 우리의 감정과 행동이 바뀐다. 영혼의 갈급함을 가지고 있는 많은 내담자는 이러한 방법보다 쉬운 방법인 내적 치유기도 등을 선택하는 일이 많다. 물론 내적 치유기도 등을 통해 위로나 평안을 얻는 것도 나쁘지는 않다. 그러나 이렇게 하였을 때 Ellis가 말한 일시적인 기분의 변화(feel better)는 느낄 수 있을지 몰라도 진정으로 상황이 나아지지(get better)는 않는다. 즉각적, 일시적 변화보다 영구적 변화를 이루기 위해서는 성경말씀을 묵상하여 사고를 바꾸기 위한 탄탄한 영적 기초를 마련해야 한다.

◆ 새로운 생각에 대해 간청하기

말씀을 묵상하고 나서 시편 139편 23절에 나오는 것처럼 "하느님, 저를 보살피시어 제 마음을 알아주소서, 저를 꿰뚫어 보시어 제 생각을 알아주소서."라고 기도하면서 합리적인 생각을 찾을 수 있도록 요청한다.

◆ 자기 대화(Self-talk)를 통해 입으로 고백하고 마음으로 믿기

인간은 스스로에게 자기만의 언어를 사적으로 말한다. Ellis는 이를 자신에게 하는 혼잣말인 자기 언어 또는 자기 대화라고 하였다. Vygotsky(1962)와 Luria(1969) 등의 일반어의론자들에 의하면 인간은 일단 언어가 형성되면 모든 생각을 언어로 하게 된다. 언어는 생각의 또 다른 측면인 셈이다. REBT에서 자기 대화를 중요시하는 것은 자기 대화를 분석하면 바로 그 사람의 사고양식을 찾아낼 수 있기 때문이다. Litchfield와 Litchfield(2002)에 의하면 인간은 1분 동안 무려 500개의 단어를 사용한 자기 대화를 한다. 이렇듯 자기 대화가 빠르게 일어나기 때문에 스스로는 자기 대화를 전혀 인식하지 못할 수도 있고 자기 대화의 범위가 어디까지인지도 잘 알아차리지 못한다.

자기 대화는 사람의 생각을 뜻하기 때문에 그 사람의 정서와 행동을 결정한다. 그래서 상담을 할 때도 여러 가지 정서적 문제와 행동적 문제를 겪고 있는 내담자들의 자기 언어를 살펴보고 그것을 교정하는 경우가 많이 있다.

성경 속에 나타난 예수님의 자기 대화는 언제나 진리와의 일치성을 보여 주고 있다. 예수님도 나사로가 죽었을 때나 자신을 거절하는 예루살렘을 마주했을 때, 겟세마네 동산에서 괴로워하실 때에 인간적인 눈물을 흘리셨다. 그럼에도 예수님은 하느님의 뜻에 벗어나는 자기 대화를 한 적이 없다.

말씀의 묵상을 통해 성령의 현존을 체험한 후에는 자기 대화를 활용하여 입으로 고백하고 마음으로 믿음으로써 새로운 생각을 내재화할 수 있다. 다음은 로마서 10장 8~10절 말씀이다.

"의로움은 또 무엇이라고 말합니까? '그 말씀은 너희에게 가까이 있다. 너희 입과 너희 마음에 있다.' 이것이 우리가 선포하는 믿음의 말씀입니다."

이렇듯 합리적 신념을 입으로 되뇌고 마음으로 믿으면 그 신념이 내담자의 깊은 마음속에 굳건하게 자리 잡게 된다.

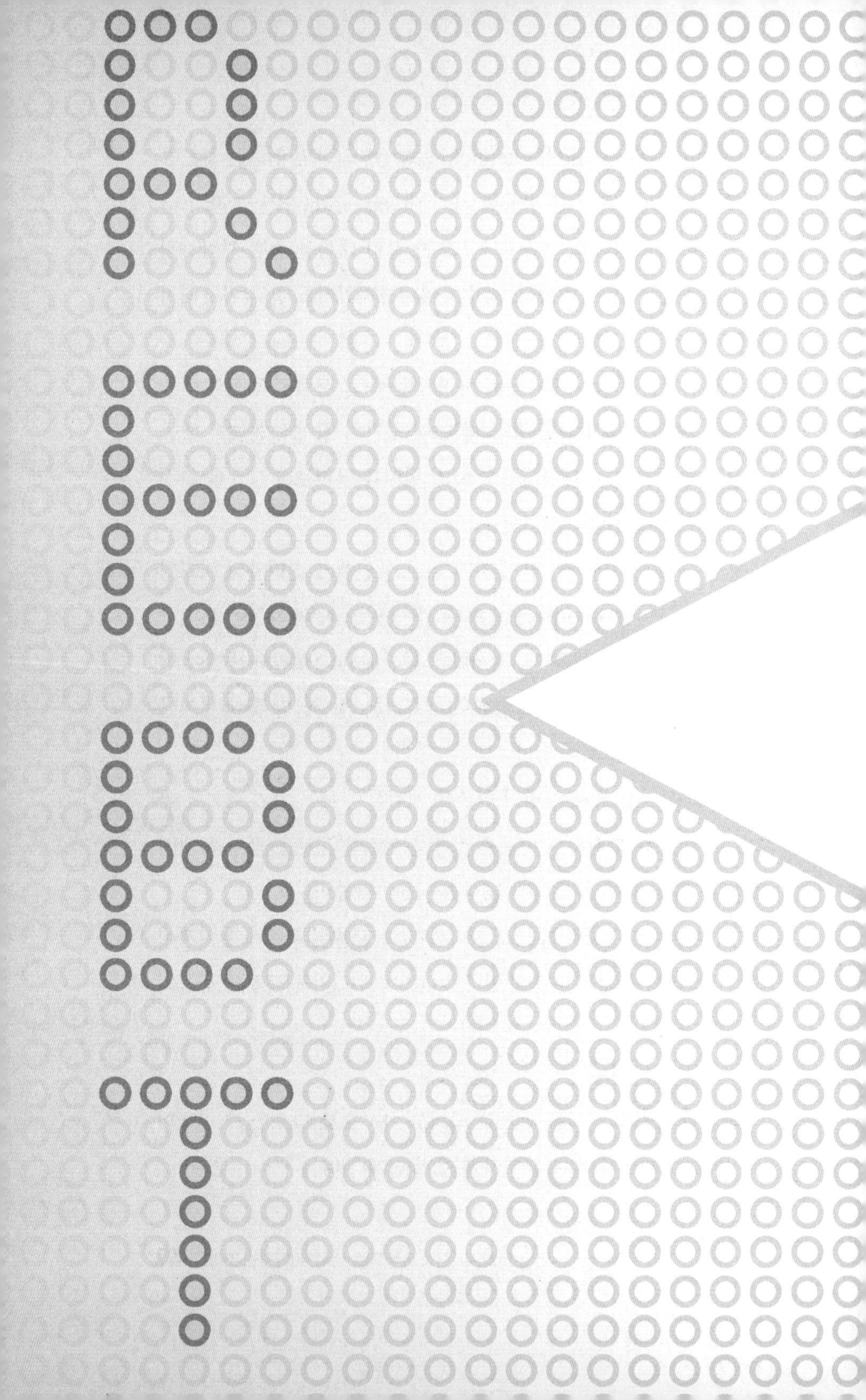
REBT

제2부 인지정서행동치료의 기독교적 적용

사복음서 속에 나타나 있는 인지정서행동치료 상담의 진행과정

인지정서행동치료(REBT) 상담의 진행과정은 A−B−C−D−E 모형을 따른다. 선행사건 A가 정서적 결과를 초래하는 것이 아니라 각 개인의 A에 대한 믿음인 B가 C인 정서적 반응을 초래한다고 보며 이때 형성된 비합리적 사고를 D인 논박에 의해 합리적 사고로 바꿔 내담자의 적절한 정서와 행동이라는 효과 E를 이끌어 내는 것이 REBT 상담이다. A−B−C−D−E 모형과 유사한 상담사례를 사복음서에서도 찾아볼 수 있다. 사복음서에 나타난 A−B−C−D−E 모형을 필자는 30가지의 상담사례에서 제시해 보기로 하겠다. 상담사례의 성경 본문을 인용할 때는 편의상 마태복음을 '마', 마가복음을 '막', 누가복음을 '눅', 요한복음을 '요'로 표기하기로 한다. 개신교 성경 본문과 함께 그 하단에는 천주교 성경 본문도 실었다.

A−B−C−D−E 모형의 다양한 해석 및 사복음서의 상담사례

Ellis의 A−B−C−D−E 모형은 사복음서의 상담에서 세 가지 유형으로 나눌 수 있다. 세 가지 유형을 직시모형, 왜곡모형, 대립모형이라는 명칭으로 정의하고, 세 유형에 따른 상담사례를 제시한다.

첫째, 직시모형은 선행사건(A)이 생겼을 때 합리적인 신념(rB's)을 갖고 문제와 직면하는 것이다. 이에 따라 문제 해결의 방안인 논박(D)의 과정을 거쳐 적절한 정서적 · 행동적 결과인 효과(E)를 얻게 된다. 직시모형은 문제를 왜곡하지 않고 직시한다는 관점에서 직시모형이라고 한다. 이 모형은 다음과 같이 정리하였다.

A	— rB's	— rC	— D	— E
실제적인 사건	합리적 신념	합리적 결과	논박	효과

A: 개인이 정서적 혼란을 일으키는 활동(activity), 행동(action), 사건(agent)
rB's: 합리적 신념(rational beliefs)
rC: 합리적 결과(rational consequence)
D: 논박(dispute)
E: 효과(effect)

둘째, 왜곡모형은 인지적 왜곡을 바로잡기 위한 모형이다. 인지적 왜곡은 대개 비현실적인 실재관이나 비논리적인 추론과 연관이 있다. 왜곡은 긍정적 방향으로도, 부정적 방향으로도 나타날 수 있는데 인지치료의 초점은 주로 부정적인 왜곡에 있다. 이들 왜곡은 주로 고립되어 나타나기보다는 여러 가지가 혼재되어 순차적으로 나타난다.

대부분의 왜곡된 생각은 또한 부적응적이다. 공통된 인지적 왜곡의 주요 형태들은 다음과 같다.

- 한 가지 사건에 대하여 단 두 가지 방향의 평가밖에 허용하지 않는 양분 논리적 사고
- 한 가지 단순한 사건이나 경험을 갖고서 부당하게 일반적 법칙을 세우려는 과일반화
- 결론을 내리기에는 부족하거나 전혀 반대되는 근거를 가지고 결론을 내리는 독단적 추리

- 타인이 내 마음을 읽을 수 있고 내가 무엇을 좋아하는지 알아야 한다고 생각하는 독심
- 어떤 나쁜 일이 일어날 것이라고 상상하고 사실로 믿어 버리는 부정적 예측
- 막연한 예측을 근거로 하여 자기 자신은 물론 세계와 미래에 대해 추리하는 정서적 추론
- 사건을 해석할 때에 중요한 국면을 무시하는 인지적 결함인 선택적 축약
- 자신의 긍정적인 측면을 능동적으로 무력화시켜 승리의 문턱에서 패배를 자초하고 마는 긍정격하
- 죄의식, 압박감, 원망을 야기할 수 있는 '반드시 ~해야 한다.'라는 메시지
- 어떤 사건의 의미를 과장하거나 축소시키는 극대화와 극소화
- 두려움과 염려로 자신을 계속 불안으로 몰고 가는 파국화
- 사건이나 상황을 자신이나 어떤 일에 관한 부정적인 신호로 받아들이는 인격화
- 개인이 자신의 오류나 불완전함에 근거해서 하나의 부정적 아이덴티티를 창조하여 그것이 마치 진실한 자기인 것처럼 단정짓는 진단적 명명이 있다.

이러한 논의를 바탕으로 선행사건(A)을 왜곡하여 비합리적 신념, 부적응적인 생각, 왜곡된 생각(iB's)으로 받아들이고 그에 따른 비합리적 결과(iC)로 비합리적인 정서가 유발되었을 때 상담자의 논박

(D)에 따라 적절한 정서적 · 행동적 결과(E)를 얻게 되는 과정의 모형을 왜곡모형이라 한다. 그 모형을 정리하면 다음과 같다.

A	—	iB's	—	iC	—	D	—	E
실제적인 행동		비합리적 신념		비합리적 결과		논박		효과

iB's: 비합리적 신념(irrational beliefs)
iC: 비합리적 결과(irrational consequence)

셋째, 대립모형은 선행사건(A)이 생겼을 때 합리적 사고(rB's)와 비합리적 사고(iB's)가 동시에 나타나는 것으로, 합리적 사고는 합리적 결과(rC)를 불러오지만 비합리적 사고(iB's)는 비합리적 결과(iC)를 유발한다. 이때 생기는 정서는 개인의 내적인 갈등일 수도 있고 한 사건에 대한 두 사람의 대립된 정서일 수도 있다. 이 모형을 대립모형이라 명명하고, 정리하면 다음과 같다.

선행사건 A
- 합리적 사고 (rB's) – 합리적 결과 (rC)
- 비합리적 사고 (iB's) – 비합리적 결과 (iC) – 논박 (D)
  - cE(인지적 효과)
  - eE(정서적 효과)
  - bE(행동적 효과)

rB's: 합리적 사고(rational beliefs)
iB's: 비합리적 사고(irrational beliefs)
rC: 합리적 결과(rational consequence)
iC: 비합리적 결과(irrational consequence)

제4장

직시모형에 따른 상담사례

1. 혈루증 여인의 치유

마태 9:20-22, 마가 5:25-34, 누가 8:42-48

개신교 열두 해를 혈루증으로 앓는 한 여자가 있어 많은 의원에게 많은 괴로움을 받았고 있던 것도 다 허비하였으되 아무 효험도 없고 도리어 더 중하여졌던 차에 예수의 소문을 듣고 무리 가운데 섞여 뒤로 와서 그의 옷에 손을 대니 이는 내가 그의 옷에만 손을 대어도 구원을 얻으리라 함일러라. 이에 그의 혈루 근원이 곧 마르매 병이 나은 줄을 몸이 곧 깨달으니라. 예수께서 그 능력이 자기에게서 나간 줄을 곧 스스로 아시고 무리 가운데서 돌이켜 말씀하시되 누가 내 옷에 손을 대었느냐 하시니 제자들이 여짜오되 무리가 에워싸 미는 것을 보시며 누가 내게 손을 대었느냐 물으시나이까 하되 예수께서 이 일을 행한 여자를 보려고 둘러보시니 여자가 제게 이루어진 일을 알고 두려워하여 떨며 와서 그 앞에 엎드려 모든 사실을 여짜온데 예수께서 가라사대 딸아 네 믿음이 너를 구원하였으니 평안히 가라 네 병에서 놓여 건강할찌어다.(막 5:25–34)

천주교 그 가운데에 열두 해 동안이나 하혈하는 여자가 있었다. 그 여자는 숱한 고생을 하며 많은 의사의 손에 가진 것을 모두 쏟아부었지만, 아무 효험도 없이 상태만 더 나빠졌다.

그가 예수님의 소문을 듣고, 군중에 섞여 예수님 뒤로 가서 그분의 옷에 손을 대었다. '내가 저분의 옷에 손을 대기만 하여도 구원을 받겠지.' 하고 생각하였던 것이다. 과연 곧 출혈이 멈추고 병이 나은 것을 몸으로 느낄 수 있었다. 예수님께서는 곧 당신에게서 힘이 나간 것을 아시고 군중에게 돌아서시어, "누가 내 옷에 손을 대었느냐?" 하고 물으셨다. 그러자 제자들이 예수님께 반문하였다. "보시다시피 군중이 스승님을 밀쳐 대는데, '누가 나에게 손을 대었느냐?' 하고 물으십니까?" 그러나 예수님께서는 누가 그렇게 하였는지 보시려고 사방을 살피셨다. 그 부인은 자기에게 일어난 일을 알았기 때문에, 두려워 떨며 나와서 예수님 앞에 엎드려 사실대로 다 아뢰었다. 그러자 예수님께서 그 여자에게 이르셨다. "딸아, 네 믿음이 너를 구원하였다. 평안히 가거라. 그리고 병에서 벗어나 건강해져라."(마르코 5:25-34)

◆**내담자**: 혈루병을 앓는 여인

◆상담 경위

내담자인 여인은 혈루병(혈루증)을 앓고 있었다. 여인은 병을 고치기 위해 의원을 찾아다니다 가진 것을 다 허비하였고 오히려 괴로움만 더 커가서 절망 가운데 있었다. 당시 사람들은 혈루병을 종교적으로 불결하게 여겨 혈루병에 걸린 이 여인은 하나님을 예배하는 것도 친구들과 사귀는 것도 거부당했다. 사회로부터 완전히 소외당한 존재였던 것이다. 여인은 병든 몸에서 오는 괴로움뿐 아니라 소외된 자로서의 외로움과 분노를 갖고 있었다. 그런 그녀는 치료자이신 예수님의 소문을 듣고는 남들처럼 드러내 놓고 예수님께 나아가지도 못하고 군중 속에 묻혀 들어가 뒤에서 예수님의 옷에 손을 갖다 댄 것이었다.

◆내담자의 인상 및 행동 특성

그녀는 오랫동안 병에 시달려 나약했고 소외된 자로서 비참한 기분을 느꼈으며 마음에 두려움이 많았다.

◆ **문제의 탐색**

혈루병 여인은 병을 고치기 위해 여러 의원을 찾아 다녔으나 오히려 경제적인 빈곤과 절망감만 얻게 되었다. 또 주변으로부터 동정을 받기는커녕 냉대와 소외 속에서 살아야 했기 때문에 자신의 삶에 대해 비참해했고 삶에 대한 두려움을 갖고 있었다.

◆ **상담의 목표 설정**

- 정서적 결과 목표: 절망감과 두려움 그리고 소외감으로부터 벗어나 활기찬 삶을 찾는다.
- 행동적 결과 목표: 병으로부터 치유되고 대인관계를 회복하며 정상적인 삶으로 복귀한다.

◆ **Ellis의 구조화 모델 단계에 따른 사례의 실제**

- 구체적 사건 상황 및 환경의 탐색: 병으로 인해 절망해 있던 여인은 예수님에 대한 소문을 듣고 한 가닥 희망을 안고 예수님께로 나아갔다. 그러나 예수님은 많은 무리 가운데 계셨다. 사람들에게 불결한 사람이라는 취급을 받고 있었던 여인은 군중 앞에 자신을 드러낼 수가 없어 예수님 뒤로 돌아가 예수님 옷단 끝에 달려 있던 술을 잡았다. 이에 예수님께서 무리를 둘러보시며 "누가 내 옷에 손을 대었느냐."라고 물으셨다. 제자들은 무리들이 에워싸 밀다가 예수님 옷에 누군가 손을 댄 것이라고 대답한다. 군중 속에서 두려움에 숨을 죽이고 있던 여인은 그제서야 떨며 나와 예수님 앞에 엎드려 자신이 그랬음을 고백한다.

• 생각 · 신념 · 세상을 이해하는 방식의 탐색: 혈루증으로 고생하던 여인은 남들로부터 불결하다고 손가락질 받으며 살아온 탓에 자신에 대해 수치심을 느꼈고 부정적 자아상을 가지고 있었다. 또 거듭되는 세상의 거절로부터 오는 열등감, 불안, 절망을 동시에 느끼고 있었다. 그녀는 세상이 자신에게 냉정하다고 생각하고 있었으나 자신의 병을 고치려는 의지를 끝까지 포기하지 않았다.
• 문제 해결: 여인은 예수님의 옷에 손을 대었고 드디어 예수님을 마주 보게 된다. 여인은 자신을 소외시키는 무리 속에서 두려움에 떨며 그 자리에 엎드렸고 사실을 고백한다. 자신이 겪고 있는 두려움을 전혀 이해하려 하지 않는 세상 사람들에게 상처만 받으며 살아온 여인에게 이런 고백은 큰 용기를 필요로 했을 것이다. 여인의 가엾은 고백에 예수님께서는 사랑으로 귀를 기울이셨다. 이윽고 예수님이 그녀의 두려움을 어루만지듯 따뜻하게 말씀하셨다. "딸아, 네 믿음이 너를 구원하였으니 평안히 가라. 네 병에서 놓여 건강할지어다." 예수님은 자신을 둘러싼 무리 앞에서 여인 자신의 믿음이 그녀를 구원하였다고 말씀하셨다. 이것은 그녀의 잃었던 자존감을 회복시키는 일이었다. 무리들에게 불결하고 비천한 여인으로 취급받았던 그녀를 칭찬해 줌으로써 예수님은 그녀의 깨진 자아상을 회복시키시고 소외된 그녀를 무리 속에 끼어들게 하신 것이다. 예수님 옷깃만이라도 만질 수 있다면 병이 나을 것이라는 그녀의 강한 믿음이 절망을 희망으로 바꾸는 삶의 전환점이 된 것이다. 그녀는 구원을 받았

을 뿐 아니라 잃었던 삶의 평안을 다시 찾게 되었다. 그녀를 묶고 있던 절망의 질병으로부터 놓여나 몸도 마음도 건강해진 것이다.

- 과제를 통한 문제 해결 상태의 유지 및 영구적 문제 해결: 여인은 평안과 자유함을 느끼므로 정서적 효과(eE)를 나타냈으며 "이제 나는 병에서부터 벗어난 건강한 자"라는 인지적 효과(cE)를 갖게 되었다. 또한 그녀의 믿음 역시 한 차원 높은 체험을 하게 되었다. 이제 그녀는 피상적 종교관이 아니라 체험적 신앙관을 가지고 평안한 삶을 유지하게 되었다.

2. 중풍병자 치유

마태 9:2-8, 마가 2:3-12, 누가 5:18-26

개신교 한 중풍병자를 사람들이 침상에 메고 와서 예수 앞에 들여 놓고자 하였으나 무리 때문에 메고 들어갈 길을 얻지 못한지라. 지붕에 올라가 기와를 벗기고 병자를 침상째 무리 가운데로 예수 앞에 달아 내리니 예수께서 저희 믿음을 보고 이르시되 이 사람아 네 죄사함을 받았느니라 하시니 서기관과 바리새인들이 의논하여 가로되 이 참람한 말을 하는 자가 누구뇨. 오직 하나님 외에 누가 능히 죄를 사하겠느냐. 예수께서 그 의논을 아시고 대답하여 가라사대 너희 마음에 무슨 의논을 하느냐. 네 죄사함을 받았느니라 하는 말과 일어나 걸어가라 하는 말이 어느 것이 쉽겠느냐. 그러나 인자가 땅에서 죄를 사하는 권세가 있는 줄을 너희로 알게 하리라 하시고 중풍병자에게 말씀하시되 내가 네게 이르노니 일어나 네 침상을 가지고 집으로 가라 하시매 그 사람이 저희 앞에서 곧 일어나 그 누웠던 것을 가지고 하나님께 영광을 돌리며 자기 집으로 돌아가니 모든 사람이 놀라 하나님께 영광을 돌리며 심히 두려워하여 가로되 오늘날 우리가 기이한 일을 보았다 하니라.(눅 5:18-26)

천주교 그때에 남자 몇이 중풍에 걸린 어떤 사람을 평상에 누인 채 들고 와서, 예수님 앞으로 들여다 놓으려고 하였다. 그러나 군중 때문에 그를 안으로 들일 길이 없어 지붕으로 올라가 기와를 벗겨 내고, 평상에 누인 그 환자를 예수님 앞 한가운데로 내려 보냈다. 예수님께서 그들의 믿음을 보시고 말씀하셨다. "사람아, 너는 죄를 용서받았다." 율법학자들과 바리사이들은 의아하게 생각하기 시작하였다. '저 사람은 누구인데 하느님을 모독하는 말을 하는가? 하느님 한 분 외에 누가 죄를 용서할 수 있단 말인가?' 예수님께서는 그들의 생각을 아시고 대답하셨다. "너희는 어찌하여 마음속으로 의아하게 생각하느냐? '너는 죄를 용서받았다.' 하고 말하는 것과 '일어나 걸어가라.' 하고 말하는 것 가운데에서 어느 쪽이 더 쉬우냐? 이제 사람의 아들이 땅에서 죄를 용서하는 권한을 가지고 있음을 너희가 알게 해 주겠다." 그러고 나서 중풍에 걸린 이에게 말씀하셨다. "내가 너에게 말한다. 일어나 네 평상을 가지고 집으로 가거라." 그러자 그는 그들 앞에서 즉시 일어나 자기가 누워 있던 것을 들고, 하느님을 찬양하며 집으로 돌아갔다. 이에 모든 사람이 크게 놀라 하느님을 찬양하였다. 그리고 두려움에 차서 "우리가 오늘 신기한 일을 보았다." 하고 말하였다.(루카 5: 18-26)

◆ **내담자**: 중풍병자

◆ 상담 경위

한 중풍병자가 침상에 실려 친구들의 손에 의해 예수님께로 왔다. 친구들의 신앙으로 예수님에게 온 것이다. 중풍병자는 오랜 병으로 삶을 포기했고 희망 없이 좌절해 있었다. 친구들은 병자를 침상째 메고 예수님이 계신 곳으로 갔다. 그러나 무리가 너무 많아 예수님께 접근할 수 없었다. 친구들은 포기하지 않고 지붕으로 올라가 기와를 벗겨 냈다. 팔레스틴 지방의 집은 지붕이 평평하였다. 벽과 벽 사이에는 아주 짧은 간격으로 들보가 놓여 있었는데, 들보 사이에는 회토를 발라 막았으므로 지붕을 뜯는 일이나 다시 고치는 일은 그리 어려운 일이 아니었다. 친구들은 병자를 지붕의 뚫은 구멍으로 침상째 무리 가운데로 예수님 앞에 달아 내렸다.

◆ 내담자의 인상 및 행동 특성

오랜 병으로 몸도 마음도 지쳐 있었다. 죄의식을 갖고 있었고 무기력했다.

◆ 문제의 탐색

중풍병에 걸려 움직일 수 없었던 한 병자가 있었다. 그는 오랜 투병 생활로 삶을 포기했고 좌절해 있었다. 그런 그에게는 다행히 믿음이 좋은 친구들이 있었다. 친구들은 이 불쌍한 병자가 어떻게든 치료를 받아 다시금 새 삶을 살도록 해야겠다고 생각했다. 그들은 병자를 침상째 메고 예수님이 머무시는 곳으로 갔으나 둘러선 많은 사람들 때문에 예수님께 가까이 갈 수가 없었다. 그러나 그들은 포기하지 않고 지붕으로 올라가 지붕을 뜯어 내고 병자를 침상째로 예수님 앞에 달아 내렸다. 장애물을 두려워하지 않고 돌파한 친구들의 믿음에 비해 병자는 두려움에 떨고 있었다. 유대인들은 죄와 병을 연결시켜 생각하고 있었다. 어떤 사람이 병이 들면 그것은 죄를 범했기 때문이라고 믿었다. 그가 범한 죄 때문에 하나님으로부터 추방당했다고 생각한 것이다. 그래서 병자는 죄의식과 두려움에 가득 차 있었다.

◆ 상담의 목표 설정

- 정서적 결과 목표: 두려움에서 벗어나 치유의 기쁨을 누린다.
- 행동적 결과 목표: 하나님과 사람과의 관계를 회복하고 건강한 몸으로 새 삶을 산다.

◆ Ellis의 구조화 모델 단계에 따른 사례의 실제

- 구체적 사건 상황 및 환경의 탐색: 유대인들은 병에 걸리는 원인이 죄 때문이라고 믿었다. 병자는 곧 하나님 앞에서 죄를 범한 악인이었다. 중풍병자는 육체적 고통과 함께 죄인이라는 정신적 고통까지 감내하며 살아야 했다. 병자를 죄인 취급했던 그 시대에 동정심 많은 친구들을 가졌다는 것은 그나마 큰 은혜였다. 병자는 편견을 뛰어넘은 친구들의 우정으로 인해 구원을 받을 수 있었다.
- 생각 · 신념 · 세상을 이해하는 방식의 탐색: 중풍병자는 세상의 관념대로 자신은 병자일 뿐 아니라 죄인이라는 절망감을 갖고

있었다. 그러나 다행히 마음이 따뜻한 친구들이 그의 곁에 있었기에 세상을 그리 냉혹하게 보지는 않았을 것이다.

• 문제의 해결: 예수님께서는 지붕에서 내려진 중풍병자를 보고 "사람아, 네 죄사함을 받았느니라."는 말씀을 하셨다. 병자의 육체를 치료하시기 전에 먼저 마음의 문제에 손을 대신 것이다. 병자는 깜짝 놀랐다. 자신의 두려운 마음을 예수님께서 알고 계셨던 것이다. 병자로서의 괴로움보다 죄인으로서 버림받았다는 의식이 더욱 그를 괴롭혀 왔던 것이다. 유대인들은 모든 병이 죄의 결과라는 믿음을 갖고 있었기 때문에 죄가 용서되지 않고는 병이 치료되지 않는다고 생각했다. 이 중풍병자도 자신의 죄가 용서되었다고 확신할 때까지는 결코 나을 수 없다고 믿고 있었을 것이다. 예수님 역시 이런 병자의 마음을 읽고 계셨기에 그렇게 말씀하신 것이다. 자신이 죄를 지어 중풍병자가 된 것으로 알고 있었던 중풍병자는 예수님께서 "네 죄사함을 받았느니라."라고 하셨을 때 마음을 짓누르고 있던 무거운 짐이 사라지는 듯 홀가분한 기분을 느꼈을 것이다. 물론 그의 병도 고쳐졌다. 그러나 서기관들은 죄를 용서하는 것은 하나님의 주권인데 예수님께서 죄를 용서하는 것은 하나님을 모독한 것이라고 생각했다. 예수님께서는 이런 서기관들의 마음도 읽고 거기에 대해 논박하셨다. "너희 마음에 무슨 의논을 하느냐. 네 죄사함을 받았느니라 하는 말과 일어나 걸어가라 하는 말이 어느 것이 쉽겠느냐." 이때에야 서기관들은 죄가 용서되지 않고는 일어나 걸을 사람이 없다고 믿고 있음을 기억했다. 예수님께서 이 사람

을 일으켜 세워 걷게 만드신 것 자체가 그 사람의 죄가 용서받았다는 뜻이었다. 따라서 서기관들에게도 예수님의 논박은 이치에 맞는 것이었다. 예수님께서는 중풍병자에게 명하셨다. "일어나 네 침상을 가지고 집으로 가라." 중풍병자는 영혼의 죄 사함을 받았을 뿐 아니라 몸도 건강하게 회복되어 집으로 돌아갔다.

• 과제를 통한 문제 해결 상태 유지 및 영구적 문제 해결: 몸을 움직일 수 없었던 중풍병자가 벌떡 일어나 자기가 누웠던 침상을 가지고 하나님께 영광을 돌리며 자기 집으로 돌아갔다. 그는 하나님과 영적으로 올바른 관계에 있지 못하면 육체적으로도 건강할 수 없다는 것, 육체의 건강도 하나님과의 평화를 누리는 것과 관계가 있다는 것을 깨달았다. 이후 그는 영혼과 육체의 건강을 유지하며 하나님께 영광을 돌리는 삶을 살게 되었다.

3. 수로보니게 여인과의 상담

마태 15:21–28, 마가 7:24–30

개신교 예수께서 거기서 나가서 두로와 시돈 지방으로 들어가시니 가나안 여자 하나가 그 지경에서 나와서 소리 질러 가로되 주 다윗의 자손이여 나를 불쌍히 여기소서. 내 딸이 흉악히 귀신 들렸나이다 하되 예수는 한 말씀도 대답지 아니하시니 제자들이 와서 청하여 말하되 그 여자가 우리 뒤에서 소리를 지르오니 보내소서 예수께서 대답하여 가라사대 나는 이스라엘 집의 잃어버린 양 외에는 다른 데로 보내심을 받지 아니하였노라 하신대 여자가 와서 예수께 절하며 가로되 주여 저를 도우소서 대답하여 가라사대 자녀의 떡을 취하여 개들에게 던짐이 마땅치 아니하니라. 여자가 가로되 주여 옳소이다마는 개들도 제 주인의 상에서 떨어지는 부스러기를 먹나이다 하니 이에 예수께서 대답하여 가라사대 여자야 네 믿음이 크도다 네 소원대로 되리라 하시니 그 시로부터 그의 딸이 나으니라.(마 15:21–28)

천주교 예수님께서 그곳을 떠나 티로 지역으로 가셨다. 그리고 어떤 집으로 들어가셨는데, 아무에게도 알려지기를 원하지 않으셨으나 결국 숨어 계실 수가 없었다. 더러운 영이 들린

딸을 둔 어떤 부인이 곧바로 예수님의 소문을 듣고 와서, 그 분 발 앞에 엎드렸다. 그 부인은 이교도로서 시리아 페니키아 출신이었는데, 자기 딸에게서 마귀를 쫓아내 주십사고 그분께 청하였다. 예수님께서는 그 여자에게, "먼저 자녀들을 배불리 먹여야 한다. 자녀들의 빵을 집어 강아지들에게 던져 주는 것은 옳지 않다."라고 말씀하셨다. 그러자 그 여자가, "주님, 그러나 상 아래에 있는 강아지들도 자식들이 떨어뜨린 부스러기는 먹습니다."라고 응답하였다. 이에 예수님께서 그 여자에게 말씀하셨다. "네가 그렇게 말하니, 가 보아라. 마귀가 이미 네 딸에게서 나갔다." 그 여자가 집에 가서 보니, 아이는 침상에 누워 있고 마귀는 나가고 없었다.(마태오 15:21-28)

◆ **내담자**: 수로보니게 여인

◆ **상담 경위**

예수님께서 두로와 시돈에 가셨다는 것에는 상당한 의미가 함축되어 있다. 그것은 예수님께서 유대인이 사는 팔레스틴 지역 밖으로 나가셨다는 것으로, 복음이 곧 전 세계로 뻗어 나갈 것을 시사하는 것이기 때문이다. 두로와 시돈에서 예수님께서는 한 여자를 만나셨다. 이 여자는 유대인들이 상종을 하지 않던 이방인인 가나안 여자였다. 그녀의 딸은 흉악한 귀신이 들려 앓고 있었다. 여자는 예수님을 향해 "주 다윗의 자손이여 나를 불쌍히 여기소서 내 딸이 흉악히 귀신 들렸나이다." 하고 소리를 지른다. 그러나 예수님께서는 여자의 외침을 무시하셨다.

◆내담자의 인상 및 행동 특성

여자는 끈질긴 인내심과 쉽게 절망하지 않는 명랑한 천품을 가지고 있었다.

◆문제의 탐색

예수님의 제자들에게는 계속 소리를 질러 대는 여자가 귀찮은 존재였다. 제자들은 예수님께 청했다. "저 여자가 우리 뒤에서 소리를 지르오니 보내소서." 여자의 소원을 들어줘서 될 수 있는 대로 빨리 여자를 보내버리자는 것이었다. 그러나 여자는 가나안족 혈통에 속한 자였다. 이 가나안족은 유대인들과는 오랜 원수지간이었다. 예수님은 여자를 만날 당시 유대인들만을 대상으로 일하셨다. 그런데 이런 예수님 앞에 이방인 여자가 나타나 소리 높여 자비를 구하고 있는 것이었다.

◆상담의 목표 설정

- 정서적 결과 목표: 걱정과 근심에서 벗어나 회복의 기쁨을 누릴 수 있다 .
- 행동적 결과 목표: 고통과 부끄러움을 극복하고, 딸의 치유에서 오는 기쁨과 감사의 삶을 산다.

◆ **Ellis의 구조화 모델 단계에 따른 사례의 실제**

- 구체적 사건 상황 및 환경의 탐색: 내담자인 가나안족 여인에게는 늘 고통과 근심이 있었다. 사랑하는 딸이 귀신이 들려 있었기 때문이다. 이 여자는 딸의 고통을 자기 고통처럼 아파했다. 그러던 어느 날 여자는 예수님께서 두로와 시돈 지방에 오셨다는 것을 알게 되었다. 여자는 한달음에 달려가 "다윗의 자손이여." 하고 예수님을 불렀다. 이 칭호는 당시 사람들이 즐겨 사용하던 정치적인 칭호로, 예수님을 세상적인 권세와 영광을 가진 사람으로 알고 도움을 요청한 것이었다. 여자의 간청에 예수님은 침묵하셨다. 그러나 여자는 낯선 이국인의 무시에도 개의치 않고 더욱 애절하게 매달렸다. 여인이 예수님의 거절을 참고 견딜 수 있었던 것은 자식에 대한 사랑 때문이었다.
- 생각 · 신념 · 세상을 이해하는 방식의 탐색: 여자는 처음 예수님을 만났을 때는 "다윗의 자손"이라고 부르며 구원을 요청했다. 그러나 예수님에게서 말로는 표현할 수 없는 신성을 느끼고는 예수님을 "주"라고 불렀다. 여자는 이제 사람에게 부탁하듯 요청하지 않고 절대자에게 드리는 기도를 하기 시작한 것이다. 그녀에게는 예수님께서 '내 딸의 병을 고쳐 주실 것'이라는 신념이 있었다. 이 신념은 '이방인은 고쳐 주지 않을 것이다.'라는 비합리적인 사고를 뛰어넘게 했다. 여자는 편협한 민족의식을 넘어서는 사랑이 이 세상에 존재한다는 것을 믿고 있었다.
- 문제 해결: 소리를 질러 대는 여자가 귀찮았던 제자들은 어서 빨리 여자의 소원을 들어주고 내쫓기를 요청했다. 그러나 예수

님께서는 이 요청에 냉정하게 반응하셨다. "나는 이스라엘 집의 잃어버린 양 외에는 다른 데로 보내심을 받지 아니 하였노라."라는 예수님의 말씀에는 이방인은 고쳐 주지 않으시겠다는 속뜻이 담겨 있었다. 여자에게는 크게 낙심할 만한 말씀이었지만 여자는 절망하지 않고 인내하며 예수님께 다가섰다. 여자는 예수님께 절하며 "주여, 저를 도우소서."라고 다시 간청했다. 여자의 간청에 예수님은 모욕적인 대답을 하셨다. "자녀의 떡을 취하여 개들에게 던짐이 마땅치 아니하니라." 여자는 개 취급을 당하는 경멸을 받았던 것이다. 그러나 여인은 끝까지 인내했다. 화를 내기보다는 오히려 능청스럽게 예수님의 말을 맞받아쳤다. "주여, 옳소이다마는 개들도 제 주인의 상에서 떨어지는 부스러기를 먹나이다." 예수님께서는 여자의 이 말을 듣고 나서 여자의 참된 믿음을 보게 되셨다. 예수님은 그제서야 물러설 줄 모르는 그녀의 자식에 대한 사랑을 축복하시고 여자가 그토록 갈망하던 대로 딸의 병을 고쳐 주셨다.

- 과제를 통한 문제 해결 상태의 유지 및 영구적 문제 해결: 여자는 예수님께 칭찬을 받았다. "여자야, 네 믿음이 크도다. 네 소원대로 되리라." 이 말씀에 여인은 자존감이 회복되었고 딸은 쾌유되어 기쁨과 감사에 넘치는 삶을 살게 되었다. 딸로 인해 슬픔과 고통 속에서 살 수밖에 없었던 여인은 이제 딸과 함께 행복하게 살 수 있게 되었다.

4. 삭개오와의 상담

누가 19:1-10

개신교 예수께서 여리고로 들어가 지나가시더라. 삭개오라 이름하는 자가 있으니 세리장이요 또한 부자라. 그가 예수께서 어떤 사람인가 하여 보고자 하되 키가 작고 사람이 많아 할 수 없어 앞으로 달려가서 보기 위하여 돌무화과 나무에 올라가니 이는 예수께서 그리로 지나가시게 됨이러라. 예수께서 그곳에 이르사 쳐다보시고 이르시되 삭개오야 속히 내려오라 내가 오늘 네 집에 유하여야 하겠다. 하시니 급히 내려와 즐거워하며 영접하거늘 뭇 사람이 보고 수근거려 이르되 저가 죄인의 집에 유하러 들어갔도다 하더라. 삭개오가 서서 주께 여짜오되 주여 보시옵소서 내 소유의 절반을 가난한 자들에게 주겠사오며 만일 누구의 것을 속여 빼앗은 일이 있으면 네 갑절이나 갚겠나이다. 예수께서 이르시되 오늘 구원이 이 집에 이르렀으니 이 사람도 아브라함의 자손임이로다. 인자가 온 것은 잃어버린 자를 찾아 구원하려 함이니라.(눅 19:1-10)

천주교 예수님께서 예리코에 들어가시어 거리를 지나가고 계셨다. 마침 거기에 자캐오라는 사람이 있었는데, 그는 세관장이고 또 부자였다. 그는 예수님께서 어떠한 분이신지 보려고 애썼지만 군중에 가려 볼 수가 없었다. 키가 작았기 때문이다. 그래서 앞질러 달려가 돌무화과나무로 올라갔다. 그곳을 지나시는 예수님을 보려는 것이었다. 예수님께서 거기에 이르러 위를 쳐다보시며 그에게 이르셨다. "자캐오야, 얼른 내려오너라. 오늘은 내가 네 집에 머물러야 하겠다." 자캐오는 얼른 내려와 예수님을 기쁘게 맞아들였다. 그것을 보고 사람들은 모두 "저이가 죄인의 집에 들어가 묵는군." 하고 투덜거렸다. 그러나 자캐오는 일어서서 주님께 말하였다. "보십시오, 주님! 제 재산의 반을 가난한 이들에게 주겠습니다. 그리고 제가 다른 사람 것을 횡령하였다면 네 곱절로 갚겠습니다." 그러자 예수님께서 그에게 이르셨다. "오늘 이 집에 구원이 내렸다. 이 사람도 아브라함의 자손이기 때문이다. 사람의 아들은 잃은 이들을 찾아 구원하러 왔다."(루카: 19:1-10)

◆ **내담자**: 삭개오(세리장, 부자)

◆ **상담 경위**

예수님이 살던 시대의 세리들은 로마 지배하에 같은 민족의 돈을 갈취하여 정복자들에게 바치는 일을 했다. 세리들은 같은 유대인들에게 매국노 취급을 받았다. 사리사욕을 채울 수는 있었으나 사람들로부터 손가락질을 받는 직업이 바로 세리였다. 삭개오는 세리 중에서도 세리장이라는 높은 직책을 맡고 있던 사람으로, 그 지방에서 가장 미움을 받고 있었다. 그는 부유했지만 불행했고 외로웠다. 삭개오는 늘 무리로부터 소외당하고 배척당했다. 그런 그가 어느 날 세리와 죄인들까지도 영접하신다는 예수에 관한 소문을 듣게 되었고 예수님을 만나기로 결심했다.

◆내담자의 인상 및 행동 특성

키가 작고 행동이 민첩했다. 대인관계가 원만치 못하고 외로웠다.

◆문제의 탐색

삭개오는 부유했지만 행복하지 못했다. 그는 군중으로부터 소외되었고 고독했다. 그는 민족에 대한 죄책감이 있었으며 직업에 대한 열등감에 시달렸다. 늘 사람들에게 멸시당하고 미움을 받았던 그는 마음속으로 사랑을 갈망하고 있었다. 또한 그는 신체적으로 키가 유별나게 작다는 열등감이 있었으므로 자존감 또한 낮았다.

◆상담의 목표 설정

- 정서적 결과 목표: 열등감과 소외감에서 벗어나 자존감을 갖는다.
- 행동적 결과 목표: 사회적 관계를 회복하고 대인관계를 자유롭게 맺는다.

◆ **Ellis의 구조화 모델 단계에 따른 사례의 실제**

- 구체적 사건, 상황 및 환경의 탐색: 항상 군중으로부터 소외되어 외로웠고 사회적으로나 신체적으로 열등감에 시달렸던 삭개오는 모든 죄인과 약한 자를 용납하신다는 예수님에 대한 소문을 듣고 호기심을 느꼈다. 삭개오는 예수님이 과연 어떤 분일지 궁금한 동시에 왠지 예수님이야말로 자신의 삶의 문제를 해결해 주실 분일지도 모른다고 생각했다. 그래서 그는 용기를 냈다. 삭개오에게 있어 예수님을 보러 모인 군중 속에 섞이는 일은 결코 만만치 않은 일이었다. 사람들이 키가 작은 그를 밀쳐 버릴지도 모를 일이었다. 사람들은 세리장인 그를 미워하고 배척했으니 그런 일이 일어나도 이상할 것이 없었다. 그런 위험은 삭개오의 용기를 좌절시킬 수 있는 방해요소였다. 이 단계는 ABCDE 모형에 의하면 선행사건 A에 대한 탐색의 단계다.
- 생각 · 신념 · 세상을 이해하는 방식의 탐색: 군중에 끼어들 수 없는 죄인이었고 키가 작은 열등감이 있었으며 키가 큰 사람들이 그를 막고 있었으나 삭개오는 예수를 보아야겠다는 일념으로 뽕나무에 오른다. 자신에 대한 소망을 잃지 않고 예수님이 보여 줄지 모를 구원을 소망한 것이었다. 삭개오가 문제를 직시하고 합리적 사고를 하는 이 단계는 Ellis 상담과정 중 합리적 사고의 탐색 단계(B)라 할 수 있다.
- 문제의 해결: 삭개오는 문제 해결을 위해 적극성을 발휘했다. 방해요소가 많았으나 개의치 않고 앞으로 달려가 예수님을 잘 보기 위하여 뽕나무 위로 올라간 것이다. 예수님께서는 뽕나무

위에 있는 삭개오를 보셨고 그에게 말씀하셨다. "삭개오야, 속히 내려오라. 내가 오늘 네 집에 유하여야 하겠다." 예수님은 친히 삭개오의 이름을 불러 주셨다. 이는 그의 존재 자체를 용납한다는 의미로 그의 외로움을 공감한다는 뜻이기도 했다. 또한 죄인의 집에 들어가는 것을 금지한 편협한 관습을 깨고 삭개오의 집에 유하시겠다는 선언을 하심으로써 삭개오의 사회적 관계를 회복시키신 것이다.

- 과제를 통한 문제 해결 상태의 유지 및 영구적 문제 해결: 예수님이 이름을 불러 주셨다는 것은 소외된 자로 멸시받았던 삭개오의 자존감을 회복시키는 일이었다. 어디 그뿐인가? 죄인 취급을 당했던 삭개오의 집에 유하시겠다는 예수님의 말씀은 삭개오의 사회적 지위를 회복시키시는, 그야말로 영광스러운 일이었다. 사람들은 이에 대해 수군거리며 못마땅해했으나 삭개오는 크게 즐거워하며 정서적 효과(eE)를 나타냈다고 할 수 있다. 또 삭개오는 예수님의 말씀으로 "나는 소외된 자가 아니다."라는 인지적 효과(cE)도 나타냈다. 그는 변화되었다. 그리고 그 변화를 실천하기 위하여 가난한 사람들에게 자기 소유의 절반을 주기로 결심했다. 나머지 반도 자신의 소유로 남겨 두려고 한 것이 아니라 자신이 그동안 행한 토색(討索)을 배상하는 데 쓰기도 했다. 그가 배상하겠다고 한 금액은 법적으로 필요하다고 규정된 기준을 훨씬 넘어서는 액수였다. 율법이 요구하는 것 이상인 4배로 갚겠다고 선언함으로써 행동적 효과(bE)를 나타낸 것이다. 이에 대해 예수께서는 잃어버린 자가 되었던 삭개

오가 구원을 받았다고 선포하셨다. 동족으로부터 소외되었던 삭개오는 예수님의 이 선언을 통해 다시금 사회적 소속감을 가질 수 있게 되었다. 삭개오의 문제가 해결된 것이다.

제5장

왜곡모형에 따른 상담사례

5. 바리새인과의 상담

마태 9:9-13, 마가 2:13-17, 누가 5:27-32

개신교 예수께서 거기서 떠나 지나가시다가 마태라 하는 사람이 세관에 앉은 것을 보시고 이르시되 나를 좇으라 하시니 일어나 좇으니라. 예수께서 마태의 집에서 앉아 잡수실 때에 많은 세리와 죄인들이 와서 예수와 그 제자들과 함께 앉았더니 바리새인들이 보고 그 제자들에게 이르되 어찌하여 너희 선생은 세리와 죄인들과 함께 잡수시느냐 예수께서 들으시고 이르시되 건강한 자에게는 의원이 쓸데없고 병든 자에게

라야 쓸 데 있느니라. 너희는 가서 내가 긍휼을 원하고 제사를 원치 아니하노라 하신 뜻이 무엇인지 배우라 내가 의인을 부르러 온 것이 아니요 죄인을 부르러 왔노라 하시니라.(마 9:9-13)

천주교 예수님께서 그곳을 떠나 길을 가시다가 마태오라는 사람이 세관에 앉아 있는 것을 보시고 말씀하셨다. "나를 따라라." 그러자 마태오는 일어나 그분을 따랐다.
예수님께서 집에서 식탁에 앉게 되셨는데, 마침 많은 세리와 죄인도 와서 예수님과 그분의 제자들과 자리를 함께하였다. 그것을 본 바리사이들이 그분의 제자들에게 말하였다. "당신네 스승은 어째서 세리와 죄인들과 함께 밥을 먹는 것이오?" 예수께서 이 말을 들으시고 그들에게 말씀하셨다. "튼튼한 이들에게는 의사가 필요하지 않으나 병든 이들에게는 필요하다. 너희는 가서 '내가 바라는 것은 희생 제물이 아니라 자비다.' 하는 말씀이 무슨 뜻인지 배워라. 사실 나는 의인이 아니라 죄인을 부르러 왔다.(마태오 9:9-13)

◆ **내담자**: 바리새인

◆ **상담 경위**

본문에는 두 종류의 사람들이 나온다. 한 부류는 세리이고 한 부류는 바리새인들이다. 세리는 팔레스틴에 있는 모든 사람 중에서 가장 미움을 받았던 부류의 사람들이었다. 그 당시 팔레스틴은 로마에 종속된 나라였는데 세리는 로마 정부 밑에서 일하는 매국노로, 변절자이자 반역자로 간주되었다. 조국의 정복자들에게 전적으로 헌신했고 조국의 불행을 딛고 서서 자신의 배를 불렸기 때문이다. 세리들은 길을 가는 사람의 짐을 풀게 하여 자기 마음대로 세금을 부과하기도 했고, 어떤 사람이 세금을 지불할 수 없을 때에는 터무니없는 고리로 돈을 빌리도록 강요하여 상대방을 자기 손아귀에 넣기도 했다. 이런 세리들의 만행 탓에 당시 사람들은 세리들을 강도나 살인자와 같은 부류로 보았다. 유대 율법에 의하면 세리는 회당에 들어가는 것이 금지되어 있었다. 그들은 불결한 짐승이나 부정한 물건과 동등하게 취급되었기 때문이다. 그러나 예수님은 세리인 마태를 제자로 삼으셨다. 기쁨에 찬 마태는 자기 집에서 잔치를 베풀어 예수님과 다른 세리들을 초청했다. 이를 본 바리새인들과 서기관들은 크게 분노하여 예수님을 정죄하기 시작했다. 바리새인들은 전통적인 신앙을 가진 엄격한 율법주의자들이었다. 이들은 경건치 않아 보이는 사람들과는 이야기를 하지도 않았고 여행을 함께 가거나 거래를 하지도 않았다. 심지어 자신의 딸을 그런 불경건한 자들에게 출가시킨다는 것은 자식을 짐승에게 던져 주는 것과 같이 악한 일이라고 생각했다. 바리새인들로서는 세리들을 대접하는 것은 물론 세리에게 대접을 받는 것조차 절대 해서는 안 될 일이었다. 그런 그들이 마태의 집에서 식탁에 앉아 세리들과 어울리는 예수의 모습을 보았으니 비난하는 것도 당연했다. 바리새인들의 눈에는 예수가 그저 당시의 전통과 관습을 무시하는 무례한 사람으로만 비쳤을 것이다. 이에 그들은 불쾌해했고 분노한 상태로 상담자이신 예수님 앞에 서게 되었다.

◆ **내담자의 신념 및 행동 특성**

규칙, 의식, 금기에 충실하여 종교적인 관습과 의례에 사로잡혀 있었다.

◆ **문제의 탐색**

바리새인들은 스스로 남들보다 종교적으로 우월하다고 느끼고 있었다. 그러나 이들은 종교적인 관습에만 매어 타인의 죄를 불쌍히 여기고 돕기보다는 그들 자신의 거룩함을 지키는 데만 관심을 기울였다. 마치 전염병 환자에게서 병이 옮을까 두려워 진찰을 거부하는 의사처럼 괴팍하게도 죄인들과 상종하려고 하지 않았고 자신 역시 잔뜩 움츠러들어 있었다.

◆ **상담의 목표 설정**

- 정서적 결과 목표: 불쾌, 분노, 비난에서 벗어난다.
- 행동적 결과 목표: 종교적인 굴레에서 벗어나 자아와 이웃에 대한 새로운 시각을 갖고 대인관계를 자유롭게 맺는다.

◆ **Ellis의 구조화 모델 단계에 따른 사례의 실제**

- 구체적 사건 상황 및 환경의 탐색: 바리새인은 예수께서 죄인인 마태의 집에서 세리들과 함께 식사하시는 것에 대해 분노와 비

난을 쏟아 냈다. 이들은 예수님의 이러한 행동을 전통적인 관습에 도전하는 것으로 보았다. 이는 "죄인들은 반드시 정죄되어야 하고 소외되어야만 한다."라는 그들의 신념에 방해가 되는 것이었다. ABCDE 모형에 의하면 이는 선행사건 A에 대한 탐색의 단계다.

- 생각 · 신념 · 세상을 이해하는 방식의 탐색: 바리새인은 '반드시 ~ 해야만 한다.'와 같은 강한 믿음을 갖고 있다. 또한 이들은 늘 다른 사람보다 우월해야만 한다는 절박한 필요에 매여 있다. 종교적 관습과 의례에 근거해 자신의 우월성을 남들 앞에 증명해 보이려는 경향이 있는 데다 율법의 잣대로 타인을 판단하고 비난하기 때문에 자신과 타인의 삶을 모두 황폐하게 만들었다. 그의 신념은 완벽주의적인 기준을 세우고 사람들이 그것을 따라야만 한다고 고집하며 다른 사람들의 행동이 내 잣대에서 벗어날 경우 그 사람들 전체를 비난했다. "반드시 율법을 지키지 않으면 죄인이다." "의인은 죄인과 함께 할 수 없다."라는 왜곡된 신념으로 사건의 의미를 극대화시키고 "율법은 절대 무시되어서는 안 된다."와 같은 말을 했다. 이들은 세상의 모든 사람을 의인과 죄인이라는 양분 논리적 시각으로 받아들인다. 또한 "죄인과 함께하는 자는 죄인이다."라는 과일반화와 독단적 추리를 한다. 이러한 비합리적 신념으로 인해 분노 · 정죄 · 비판의 비합리적 결과에 사로잡혀 있다.
- 문제 해결: 예수님은 바리새인에게 인간에 대한 자비와 사랑을 일깨워 주고 인간의 존엄성이 인간이 만들어 놓은 어떤 규율이

나 법규보다 더 소중하다는 것을 깨우쳐 주고 싶었다. 그래서 그에게 "건강한 자에게는 의원이 쓸데없고 병든 자에게라야 쓸데 있느니라. 너희는 가서 내가 긍휼을 원하고 제사를 원치 아니하노라 하신 뜻이 무엇인지 배우라 내가 의인을 부르러 온 것이 아니라 죄인을 부르러 왔노라."(마 9:12-13)라는 비유로 논박(D)하신다. 여기서 우리는 과연 어느 쪽이 건강한 자이고 어느 쪽이 병든 자인지 생각해 보아야 할 것이다. 스스로 자신을 선하다고(건강하다고) 확신하고 누구의 도움(의사의 도움)도 필요하지 않다고 자만하는 바리새인과 죄의식을 가지고 자신을 죄로부터 해방시켜 줄 구세주를 찾는 세리 중 누가 건강한 자일까? 예수님은 바리새인들이 손가락질하는 세리들보다 바리새인들 자신에게 초점을 맞추게 하신다. 이는 바리새인들의 왜곡된 종교적 신념에 대한 논박이었다. 바리새인들이 스스로를 돌아보게 하기 위해서였다. 다른 사람의 죄를 불쌍히 여겨 자비를 베풀기보다 그들 자신의 거룩함을 나타내는 데 더 관심을 가지고, 격려해 주기보다 비판하고, 용서하고 동정하기보다 정죄하며, 겉으로만 의로운 척 꾸미는 외식에 익숙해 있는 자신을 깨닫게 하고 싶으셨던 것이다. 예수님의 비유는 바리새인들에게 거짓 자아를 버리고 참자아를 발견할 수 있도록 돕고 그 어떤 법보다도 사랑이 먼저임을 자각하게 하는 효과(E)를 얻게 하는 것이었다.

6. 요한의 제자들과 금식에 관한 상담

마태 9:14-17, 마가 2:18-22, 누가 5:33-39

개신교 그때에 요한의 제자들이 예수께 나아와 가로되 우리와 바리새인들은 금식하는데 어찌하여 당신의 제자들은 금식하지 아니 하나이까 예수께서 저희에게 이르시되 혼인집 손님들이 신랑과 함께 있을 동안에 슬퍼할 수 있느뇨 그러나 신랑을 빼앗길 날이 이르리니 그때에는 금식할 것이니라. 생베 조각을 낡은 옷에 붙이는 자가 없나니 이는 기운 것이 그 옷을 당기어 헤어짐이 더하게 됨이요 새 포도주를 낡은 가죽 부대에 넣지 아니하나니 그렇게 하면 부대가 터져 포도주는 쏟아지고 부대도 버리게 됨이라 새 포도주는 새 부대에 넣어야 둘이 다 보전되느니라.(마 9:14-17)

천주교 그때에 요한의 제자들이 예수님께 와서, "저희와 바리사이들은 단식을 많이 하는데, 스승님의 제자들은 어찌하여 단식하지 않습니까?" 하고 물었다.
예수님께서 그들에게 이르셨다. "혼인 잔치 손님들이 신랑과 함께 있는 동안에 슬퍼할 수야 없지 않으냐? 그러나 그들이 신랑을 빼앗길 날이 올 것이다. 그러면 그들도 단식할 것이다.

아무도 새 천 조각을 헌 옷에 대고 꿰매지 않는다. 헝겊에 그 옷이 땅겨 더 심하게 찢어지기 때문이다. 또한 새 포도주를 헌 가죽 부대에 담지 않는다. 그렇게 하면 부대가 터져 포도주는 쏟아지고 부대도 버리게 된다. 새 포도주는 새 부대에 담아야 한다. 그래야 둘 다 보존된다."(마태오 9:14-17)

◆ **내담자**: 요한의 제자들

◆ 상담 경위

유대인들에게 자선과 기도와 금식은 종교적 생활의 세 가지 큰 행사였다. 그러나 당시 유대인의 금식은 하나님의 주의를 끌려는 의식적인 시도에 불과했다. 심지어 금식으로 회개를 대신할 수 있다고까지 믿었기 때문에 금식을 위한 금식이 되거나 내가 남보다 더 경건하다는 것을 보여 주려는 행동에 그칠 때가 많아 종교적으로 아무런 가치가 없는 경우가 많았다. 이러한 그릇된 금식에 익숙해져 있던 요한의 제자들에게 금식을 하지 않는 예수님과 그 제자들이 곱게 보일 리 없었다. 이들은 예수님과 그 제자들을 불경건하며 신앙관이 잘못되어 있다고 비난했다.

◆ 문제의 탐색

요한의 제자들은 종교적 성향이나 삶에 대한 태도가 편협하여 새로운 이념과 진리를 받아들이지 못했다. 그들은 율법이 하나님의 최후의 결정적인 말씀이므로 거기에 다른 어떤 말씀도 더하거나 빼서는 안 된다고 여겼다. 그들에게 새로운 사상이란 곧 죄였던 것이다. 이 때문에 새로운 사상을 받아들이려는 포용력이 부족해 폐쇄적이고 편견에 가득 차 있었다.

◆상담의 목표 설정

- 정서적 결과 목표: 비난이나 비판에서 오는 불쾌감에서 벗어나게 한다.
- 행동적 결과 목표: 새로운 사상을 융통성 있게 수용하여 삶에 대한 폭넓은 시각을 갖게 한다.

◆Ellis의 구조화 모델 단계에 따른 사례의 실제

- 구체적 사건 상황 및 환경의 탐색: 예수님의 제자들이 종교적 경건 행위였던 금식을 하지 않자 요한의 제자들은 그들이 불경건하다고 여겼다. 유대인들은 그들의 관습에 정열적으로 집착하고 있었다. 예수님께서도 금식 그 자체에 대하여 반대했던 것은 아니었다. 그러나 안식일의 규례가 사람보다 중요하지는 않다고 여기셨다. 바리새인들에게 금식은 남에게 보여 주기 위한 목적이 더 컸다. 자신의 선행으로 사람들의 주의를 끌고 여러 사람들로부터 존경받고 싶었던 것이다. 그들에게 금식은 하나의 자기 전시적 의식이었다. 그러나 금식이 진정 가치 있는 것이 되려면 남에게 보여 주기 위한 것이 아니라 자기 마음속에 있는 진실한 감정의 표현이 되어야 했다. 요한의 제자들이 금식 문제로 예수님과 제자들을 비난했을 때 예수님이 생베 조각과

가죽 부대의 비유를 든 것은 이처럼 새로운 진리를 마음으로 받아들이라고 논박하신 것이었다.

- 생각 · 신념 · 세상을 이해하는 방식의 탐색: 요한의 제자들은 양분 논리적 사고를 가진 자로 "금식을 하지 않는 사람들은 신앙에 반하는 불경건한 자들이다." "나는 금식을 하므로 의롭고 금식을 하지 않는 너희는 죄인이다."와 같은 생각을 가지고 있었다. 이들은 규율을 인간 개인보다 중히 여겨 "규율을 지키지 않는 사람들은 악하다. 따라서 비난받고 처벌받아야만 한다."라는 왜곡된 비합리적 사고를 했다. 또한 새로운 진리를 배척하고 새로운 것 또는 잘 알지 못하는 것에 대해서는 본질적으로 혐오의 감정을 가졌다. 또 자신들의 습관이나 생활의 방법에 대하여 변화를 거부하는 완고함이 있다.
- 문제 해결: 예수님은 요한의 제자들에게 비유로 논박하신다. 첫째 결혼식을 갓 올린 신랑의 예를 들고 있다. 팔레스틴에서는 두 젊은이가 결혼하면 신혼여행을 떠나지 않고 일주일 동안 신혼집을 개방하는 풍습이 있었다. 신랑과 신부는 왕이나 왕후처럼 대우를 받으며 그 일주일을 마음껏 즐겼다. 이때 함께 기쁨을 나누는 가장 친한 친구들을 '신랑의 친구들'이라 불렀다. 예수님은 자신을 신랑에, 제자들은 신랑의 친구들에 비유하여 기독교인의 기쁨을 누리는 삶에 대해 말씀하셨다. 또한 예수님의 고난을 암시하며 형식을 떠난 종교의 본질에 대해 시사하는 것을 잊지 않으셨다. 두 번째로는 헌 옷을 새 천 조각으로 깁는 일을 예로 드셨다. 새 천은 헌 조각보다 훨씬 강해 헌 조각에 이어

붙이면 헌 조각이 오히려 찢어진다는 것이었다. 이는 시대가 변했으니 이제 새것을 수용해야 한다는 이야기였다. 이어 포도주를 넣는 가죽 부대에 대한 비유를 다시 예로 드셨다. 헌 가죽 부대는 가죽에 탄력이 없고 굳어져서 굽힐 수가 없다. 여기에 새 술을 담으면 발효되는 가스의 압력에 의해 가죽이 찢어져 가죽 부대와 포도주를 모두 잃게 된다. 예수님은 이런 예화를 통해 요한의 제자들이 새로운 것에 대해 폐쇄적이라는 점을 지적하시고 과거에 집착해서는 안 되며 변화와 성장을 위해서는 합리적이고 융통성 있는 사고를 해야 한다는 것을 말씀하신 것이다. 이처럼 예수님은 새로운 사상과 방법에 두려움을 가진 이들에게 세 가지 비유로 논박하심으로써 낡고 경직된 관습에 대해 의문을 갖게 하셨다.

- 과제를 통한 문제 해결 상태의 유지 및 영구적 문제 해결: 이 사건을 통해 요한의 제자들은 자신들이 새로운 사상에 대해 지나치게 경직되어 있었음을 깨닫게 되었다. 이들은 이후 행동에 편협한 보수주의자들이 되지 않도록 스스로 경계하게 되었다.

7. 한편 손 마른 사람 치유와 안식일에 관한 논쟁

마태 2:9–13, 마가 3:1–6, 누가 6:6–11

개신교 거기를 떠나 저희 회당에 들어가시니 한편 손 마른 사람이 있는지라. 사람들이 예수를 송사하려 하여 물어 가로되 안식일에 병 고치는 것이 옳으니이까. 예수께서 가라사대 너희 중에 어느 사람이 양 한 마리가 있어 안식일에 구덩이에 빠졌으면 붙잡아 내지 않겠느냐 사람이 양보다 얼마나 더 귀하냐 그러므로 안식일에 선을 행하는 것이 옳으니라. 하시고 이에 그 사람에게 이르시되 손을 내밀라 하시니 저가 내밀매 다른 손과 같이 회복되어 성하더라.(마 2:9–13)

천주교 예수님께서는 그곳에서 자리를 옮겨 그들의 회당에 들어가셨는데, 마침 거기에 한쪽 손이 오그라든 사람이 있었다. 사람들은 예수님을 고발하려고, "안식일에 병을 고쳐 주어도 됩니까?" 하고 물었다. 그러자 예수님께서 그들에게 말씀하셨다. "너희 가운데 어떤 사람에게 양 한 마리가 있는데, 그 양이 안식일에 구덩이에 빠졌다고 하자. 그러면 그것을 잡아 끌어내지 않겠느냐? 사람이 양보다 얼마나 더 귀하냐? 그러니 안식일에 좋은 일은 해도 된다." 그러고 나서 그 사람에게, "손을 뻗어라. 하고 말씀하셨다. 그가 손을 뻗자 다른 손처럼 성해져 건강하게 되었다. 바리사이들은 나가서 예수님을 어떻게 없앨까 모의를 하였다.(마태오 2:9-13)

◆ **내담자**: 서기관과 바리새인

◆ **상담 경위**

예수님께서 회당에 들어가셨다. 그 안에는 한편 손 마른 사람이 있었다. 신약성서에 들지 못한 초기 복음서 중의 하나인 '히브리 복음서'에 의하면, 그가 예수님께 나아와 이런 호소를 하는 장면이 나온다. "예수여, 나는 손으로 생계를 이어 가는 석공입니다. 청컨대 나의 손을 건강케 회복시켜 주셔서 나로 하여금 음식을 빌어먹는 수치를 면케 하여 주옵소서." 병으로 인해 생계를 꾸려 가기 어려운 절망적인 문제를 예수님 앞에 내놓은 것이다. 그러나 그곳에는 서기관과 바리새인들이 있었다. 그들은 손 마른 사람에 대해선 관심이 없었고 다만 규칙과 규례에 관한 사소한 조항에만 관심이 있었다. 그들은 예수님께 질문했다. "안식일에 병 고치는 것이 옳으니이까?" 당시 안식일에는 생명에 큰 위험이 없을 때는 병을 고치는 것조차 금지되어 있었다. 병을 고치는 것도 일종의 노동 행위로 간주되었기 때문이다. 그러나 예수님은 규칙과 규례가 어떻게 되어 있든지 간에 언제나 선한 일을 하는 것은 좋다고 밝혔다. 이러한 신념의 충돌로 서기관과 바리새인들은 분노했다.

◆내담자의 특성

자신과 신념이 다른 사람들에 대한 융통성이 없었고 사람을 사랑하기보다는 규율에 얽매어 남을 돌아볼 줄 모르는 편협하고 경직된 사고를 갖고 있었다.

◆문제의 탐색

서기관과 바리새인들이 회당에 있었던 것은 예배하거나 배우기 위한 것이 결코 아니었다. 그들은 예수님의 모든 행동을 조사하여 자신들과 신념이 다를 경우 생명까지 해할 나쁜 속셈을 가지고 그 자리에 있었다. 예수님께서는 그들의 의도를 알았지만 그런 그들 앞에서도 당당하게 병을 고치셨다. 안식일이라고 해서 병을 고쳐서는 안 된다는 그들의 신념이 얼마나 비인간적인가를 드러내신 것이다. 바리새인에게 종교는 의식이었다. 그것은 어떤 규칙이나 법칙, 그리고 규율에 복종하는 것을 뜻했다. 그들은 외면적인 행위를 실행하는 것만으로도 자신들이 선하다고 생각했다. 그러나 율법에만 빠져 사는 그들에게는 이웃에 대한 자비와 봉사도, 동정이나 희생할 의사도 없었다. 예수님은 이러한 자들 앞에서 한편 손 마른 사람을 고치심으로써 그들이 가지고 있는 신념이 얼마나 비합리적인가를 드러내셨다.

◆상담의 목표 설정

- 정서적 결과 목표: 편협하고 경직된 사고에서 비롯된 무자비, 분노, 교만, 위선을 자각할 수 있도록 한다.
- 행동적 결과 목표: 사고의 융통성을 갖고 자비와 사랑을 회복하

여 대인관계를 자유롭게 맺는다.

◆ **Ellis의 구조화 모델 단계에 따른 사례의 실제**

- 구체적 사건, 상황 및 환경의 탐색: 예수님은 안식일에 회당에서 가르치고 계셨고 서기관들과 바리새인들은 만약 그가 병을 고치면 안식일을 범한 죄로 송사하기 위하여 그 거동을 살피려고 그곳에 와 있었다. 예수님은 그들의 계략을 알고 있었으나 주저하지 않고 그곳에 있던 손 마른 사람에게 모두 다 볼 수 있도록 일어나 회당 한가운데 서라고 명하셨다. 그리고 서기관과 바리새인을 향해 "안식일에 선을 행하는 것과 악을 행하는 것, 생명을 구하는 것과 멸하는 것, 어느 것이 옳으냐?"라고 질문하신다. 바리새인과 서기관들에게 선이란 사랑과 자비가 아니라 오직 규율과 법칙을 행하는 것이었다. 그리고 악이란 그 규율과 법칙을 깨뜨리는 것이었다. 예수님께서는 그것을 날카롭게 지적하심으로써 그들을 딜레마에 빠지게 하셨다. 사람을 도와줄 수 있는데도 상대방을 비참한 상태에 그냥 내버려 두는 것은 확실히 악한 일이었다. 예수님께서는 무리가 보는 앞에서 한편 손 마른 사람에게 "네 손을 내밀라."라고 하셨다. 한편 손 마른 사람이 손을 내밀자 그 손을 회복시켜 주셨다. 예수님께서는 이처럼 선을 행하고 한 생명을 구하셨으나, 바리새인과 서기관들은 오히려 예수님의 행동에 대해 분노하며 예수님을 해칠 계획을 세운다.
- 생각 · 신념 · 세상을 이해하는 방식의 탐색: 서기관이나 바리새

인에게 안식일을 범하는 자는 더럽혀진 자이며 율법을 어긴 악인에 불과했다. 그들은 오직 율법의 잣대로 타인을 정죄하고 판단할 뿐, 자신의 교만과 위선을 자각하지 못하고 있었다. 그래서 세상이나 타인에 대해 무자비했고 생명의 존엄성보다도 자신들의 제도를 더욱 존중히 여겼다.

• 문제 해결: 예수님께서는 바리새인과 서기관들의 그릇된 신념에 질문법으로 논박하신다. "너희에게 묻노니 안식일에 선을 행하는 것과 악을 행하는 것, 생명을 구하는 것과 멸하는 것, 어느 것이 옳으냐?" 이것은 인간에 대한 사랑이 없는 규율이 얼마나 무가치한지를 깨닫게 하기 위함이었다. 예수님은 다시 비유를 통해 그들의 경직되고 편협한 사고에 도전하신다. "너희 중에 어느 사람이 양 한 마리가 있어 안식일에 구덩이에 빠졌으면 붙잡아 내지 않겠느냐? 사람이 양보다 얼마나 더 귀하냐? 그러므로 안식일에 선을 행하는 것이 옳으니라." 사실상 이것은 율법이 미리 용납하고 있는 것이었다. 만일 동물이 안식일에 구덩이에 빠졌으면 그 동물을 위해 줄 수 있는 모든 도움을 주라는 것이 율법의 내용이었다. 예수님의 말씀 역시 "만일 안식일에 선한 일을 하는 것이 허락되어 양을 도와주는 것이 용인된다면 양보다 더욱 가치 있는 인간을 돕는 것도 옳은 일이 아니겠느냐?"라는 뜻이다. 바꿔 말하면 "만일 안식일에 선을 행하는 것이 옳다면 선을 행하기를 거절하는 것이 오히려 악이니라."가 될 것이다. 서기관과 바리새인들도 이 말에 대해서는 아무런 대답을 하지 못했다. 자기들이 먼저 논쟁을 걸었다가 패배한 것이

다. 예수님은 또 안식일 자체보다 인간을 중히 여기심을 그들에게 보여 주셨다. 한편 손 마른 사람의 건강을 회복시키셨을 뿐 아니라 그가 해야 할 일을 할 수 있게 하신 것이다. 그것은 그의 자존심을 회복시켰다.

- 과제를 통한 문제 해결 상태의 유지 및 영구적 문제 해결: 바리새인과 서기관을 포함해 그 자리에 있던 모든 사람은 예수님의 말씀을 듣고 선을 행하시는 모습을 보며 그동안 자신들이 갖고 있던 신념을 뒤돌아보게 되었다. 예수님의 질문은 '반드시 …… 해야 한다.'라는 그들의 완곡한 진술을 뒤엎고 말았다.

8. 큰 자와 작은 자

마태 20:20-28, 마가 10:35-45

개신교 세베대의 아들 야고보와 요한이 주께 나아와 여짜오되 선생님이여 무엇이든지 우리의 구하는 바를 우리에게 하여 주시기를 원하옵나이다. 이르시되 너희에게 무엇을 하여 주기를 원하느냐 여짜오되 주의 영광 중에서 우리를 하나는 주의 우편에 하나는 좌편에 앉게 하여 주옵소서. 예수께서 가라사대 너희 구하는 것을 너희가 알지 못하는도다. 너희가 나의 마시는 잔을 마시며 나의 받는 세례를 받을 수 있느냐. 저희가 말하되 할 수 있나이다. 예수께서 이르시되 너희가 나의 마시는 잔을 마시며 나의 받는 세례를 받으려니와 내 좌우편에 앉는것은 나의 줄 것이 아니라 누구를 위하여 예비되었든지 그들이 얻을 것이니라. 열 제자가 듣고 야고보와 요한에 대하여 분히 여기거늘 예수께서 불러다가 이르시되 이방인의 소위 집권자들이 저희를 임의로 주관하고 그 대인들이 저희에게 권세를 부리는 줄을 너희가 알거니와 너희 중에는 그렇지 아니하니 너희 중에 누구든지 크고자 하는 자는 너희를 섬기는 자가 되고 너희 중에 누구든지 으뜸이 되고자 하는 자는 모든 사람의 종이 되어야 하리라. 인자의 온 것은 섬김을 받으려 함이 아니라 도리어 섬기려 하

고 자기 목숨을 많은 사람의 대속물로 주려 함이니라.(막 10:35-45)

천주교 제베대오의 두 아들 야고보와 요한이 예수님께 다가와, "스승님, 저희가 스승님께 청하는 대로 저희에게 해 주시기를 바랍니다." 하고 말하였다. 예수님께서 그들에게 "내가 너희에게 무엇을 해 주기를 바라느냐?" 하고 물으시자, 그들이 "스승님께서 영광을 받으실 때에 저희를 하나는 스승님 오른쪽에, 하나는 왼쪽에 앉게 해 주십시오." 하고 대답하였다. 예수님께서 그들에게 "너희는 너희가 무엇을 청하는지 알지도 못한다. 내가 마시는 잔을 너희가 마실 수 있으며, 내가 받는 세례를 너희가 받을 수 있느냐?" 하고 물으셨다. 그들이 "할 수 있습니다." 하고 대답하자, 예수님께서 그들에게 말씀하셨다. "내가 마시는 잔을 너희도 마시고, 내가 받는 세례를 너희도 받을 것이다. 그러나 내 오른쪽이나 왼쪽에 앉는 것은 내가 허락할 일이 아니라, 정해진 이들에게 돌아가는 것이다."

다른 열 제자가 이 말을 듣고 야고보와 요한을 불쾌하게 여기기 시작하였다. 예수님께서는 그들을 가까이 불러 이르셨다. "너희도 알다시피 다른 민족들의 통치자라는 자들은 백성 위에 군림하고, 고관들은 백성에게 세도를 부린다. 그러나 너희는 그래서는 안 된다. 너희 가운데에서 높은 사람이 되려는 이는 너희를 섬기는 사람이 되어야 한다. 또한 너희 가운데에서 첫째가 되려는 이는 모든 이의 종이 되어야 한다. 사실 사람의 아들은 섬김을 받으러 온 것이 아니라 섬기러 왔고, 또 많은 이들의 몸값으로 자기 목숨을 바치러 왔다." (마르코 10:35-45)

◆ **내담자**: 야고보, 요한, 예수의 제자들

◆ 상담 경위

예수님의 제자인 야고보와 요한은 열두 제자 가운데서도 특별히 선택된 세 사람 중에 들었다. 이들은 다른 제자들보다 조금 환경이 나은 편이었던 것 같다. 그들의 부친은 삯꾼을 고용할 정도로 신분이 높았다. 사회적 지위가 높았던 그들은 자기들에게 응당 다른 제자들보다 높은 지위가 주어질 것이라고 세속적으로 생각했다. 어느 날 야고보와 요한은 예수님께 나아가 예수님께서 지상의 왕국에서 왕이 되실 때 자신들을 최고의 지위에 올려 달라고 요청한다. 그러자 나머지 열 제자는 그 말을 듣고 분노했다. 야고보와 요한의 욕심, 야망, 명예욕이 제자들 간의 우정에 금이 가게 만든 것이다.

◆ 내담자의 인상 및 행동 특성

야고보와 요한은 야망이 있고 직설적이었으며 주변 사람을 의식하거나 배려하지 않고 자신들이 목적한 바를 이루려 하는 행동 특성이 있었다.

◆문제의 탐색

야고보와 요한은 다른 제자들보다 자신들이 우월하다고 생각했다. 그들은 세상 지위에 대한 야망으로 예수님을 좇았다. 그러나 이것은 이들이 예수님을 이해하는 데 완전히 실패했음을 뜻한다. 그들이 바라던 지상에서의 권력과 영광을 줄 분이 아니었다. 이를 몰랐던 야고보와 요한은 당돌하게도 예수님 앞에 나아가 예수님의 나라가 임할 때 제일가는 지위를 줄 것을 요구했다. 이를 본 나머지 제자들은 단단히 화가 났다. 그러나 야고보와 요한뿐 아니라 이 일에 민감하게 반응한 예수님의 남은 제자들 모두가 '출세해야 큰 자가 된다.' '성공을 해야 섬김을 받는다.'와 같은 비합리적 사고를 갖고 있었다.

◆상담의 목표 설정

- 정서적 결과 목표: 그릇된 가치관에서 벗어나 참다운 섬김의 의미를 안다.
- 행동적 결과 목표: 자신보다 남을 낫게 여기고 헌신적으로 남을 섬기고 봉사한다.

◆Ellis의 구조화 모델 단계에 따른 사례의 실제

- 구체적 사건, 상황 및 환경의 탐색: 야고보와 요한의 성공에 대한 야망은 다른 열 명의 제자들에게 강한 분노를 일으켰다. 나머지 제자들은 야고보와 요한이 자신들을 앞질러 나가서 부당하게 지위를 얻으려 한다고 생각했다. 사태는 심각했다. 다른

제자들도 역시 자리다툼에서 밀려날 것을 우려하고 있었고 질투심에 가득 차서 분노를 표했던 것이다. 만일 예수님께서 개입하지 않으셨다면 제자들 간에 큰 싸움이 벌어졌을지도 모를 일이었다.

- 생각 · 신념 · 세상을 이해하는 방식의 탐색: Ellis의 초기 11가지 비합리적 사고 중 "완벽한 능력이 있고 사교적이며 성공을 해야만 가치 있는 사람이다."라는 항목이 있다. 야고보와 요한은 인간의 억제된 성공에 대한 욕구를, 지위를 얻으려는 필사적인 태도로 표출하였다. 그들에게 성공이란 타인을 지배할 수 있는 자리에 서는 것, 가장 사소한 욕망까지도 쉽게 충족시킬 수 있는 것이었다. 야고보와 요한에게 삶의 목표와 가치는 남보다 지위가 더 높아지는 것뿐이었다. 그들은 세상에서 성공하기를 원했고 그 성공의 한 방편으로 지위를 얻으려는 야망이 있었다.
- 문제 해결: 이러한 제자들에 대해 예수께서는 반어법으로 논박하셨다. 권력에 대한 욕망을 지닌 제자들에게 자신의 왕국은 통치와 지배로 건설되는 것이 아니라 겸손과 섬김으로 이루어진다는 것을 가르치셨다. 그리고 결국 예수께서 친히 대속적 희생물이 되어 인간들을 섬김으로써 이를 실천해 보이실 것을 말씀하셨다. "너희 구하는 것을 너희가 알지 못하는도다. 너희가 나의 마시는 잔을 마시며 나의 받는 세례를 받을 수 있느냐." 이 말씀은 인생의 성공에 참여하려면 고난의 잔도 마셔야 한다는 것으로 영광의 예수 그리스도뿐 아니라 고난의 예수 그리스도도 따라야 참된 성공을 거둘 수 있다는 뜻이었다. 예수님께서는

다른 제자들이 분히 여기는 것을 보시고 그들에게 가장 도움이 되는 말씀을 하셨다. 타인에게 명령할 수 있는 지위를 얻는 것이 성공이 아니라 타인을 위해 무엇이든 해 주는 것이 성공이라는 말씀이었다. 예수님은 "너희 중에 누구든지 으뜸이 되고자 하는 자는 모든 사람의 종이 되리라."라고 말씀하셨다. 세상의 기준이 전도된 것이다. 새로운 가치관이 제시된 것이다. 세상은 한 사람이 얼마나 위대한지 평가하는 기준으로 부와 명예, 지식, 권력 등을 꼽는다. 그러나 예수님께서 제시하는 평가 기준은 이와 완전히 다르다. 그것은 얼마나 많은 사람을 섬기며 봉사했느냐는 것이다. 예수께서 이 땅에 오신 것은 섬김을 받으려 함이 아니고 섬기려 함이요, 세상 왕관을 차지하기 위함이 아니라 십자가를 지기 위함이기 때문이었다. 이처럼 예수님은 새로운 가치관을 실천하심으로써 제자들의 삶의 목적을 수정하셨다.

9. 달란트 비유

마태 25:14-30, 누가 9:11-27

개신교 또 어떤 사람이 타국에 갈 제 그 종들을 불러 자기 소유를 맡김과 같으니 각각 그 재능대로 하나에게는 금 다섯 달란트를, 하나에게는 두 달란트를 하나에게는 한 달란트를 주고 떠났더니 다섯 달란트 받은 자는 바로 가서 그것으로 장사하여 다섯 달란트를 남기고 두 달란트 받은 자도 그같이 하여 또 두 달란트를 남겼으되 한 달란트 받은 자는 가서 땅을 파고 그 주인의 돈을 감추어 두었더니 오랜 후에 그 종들의 주인이 돌아와 저희와 회계할 새 다섯 달란트 받았던 자는 다섯 달란트를 더 가지고 와서 가로되 주여 내게 다섯 달란트를 주셨는데 보소서 내가 또 다섯 달란트를 남겼나이다. 그 주인이 이르되 잘 하였도다 착하고 충성된 종아 네가 작은 일에 충성하였으매 내가 많은 것으로 네게 맡기리니 네 주인의 즐거움에 참여할지어다 하고 두 달란트 받았던 자도 와서 가로되 주여 내게 두 달란트를 주셨는데 보소서 내가 또 두 달란트를 남겼나이다. 그 주인이 이르되 착하고 충성된 종아 네가 작은 일에 충성하였으매 내가 많은 것으로 네게 맡기리니 네 주인의 즐거움에 참여할지어다 하고 한 달란트 받았던 자도 와서 가로되 주여 당신은 굳은 사람이라 심지 않은 데서 거두고 헤치지 않은 데서 모으는 줄을 내가 알았으므로 두려워하여 나가서 당신의 달란트를 땅에 감추어 두었었나이다. 보소서 당신의 것을 받으셨나이다. 그 주인이 대답하여 가로되 악하고 게으른 종아 나는 심지 않은 데서 거두고 헤치지 않은 데서 모으는 줄을 네가 알았느냐 그러면 네가 마땅히 내 돈을 취리하는 자들에게나 두었다가 나로 돌아와 내 본전과 변리를 받게 할 것이니라 하고.(마 25:14–30)

천주교 "하늘 나라는 어떤 사람이 여행을 떠나면서 종들을 불러 재산을 맡기는 것과 같다. 그는 각자의 능력에 따라 한 사람에게는 다섯 탈렌트, 다른 사람에게는 두 탈렌트, 또 다른 사람에게는 한 탈렌트를 주고 여행을 떠났다.

다섯 탈렌트를 받은 이는 곧 가서 그 돈을 활용하여 다섯 탈렌트를 더 벌었다. 두 탈렌트를 받은 이도 그렇게 하여 두 탈렌트를 더 벌었다. 그러나 한 탈렌트를 받은 이는 물러가서 땅을 파고 주인의 그 돈을 숨겼다. 오랜 뒤에 종들의 주인이 와서 그들과 셈을 하게 되었다. 다섯 탈렌트를 받은 이가 나아가서 다섯 탈렌트를 더 바치며, '주인님, 저에게 다섯 탈렌트를 맡기셨는데, 보십시오, 다섯 탈렌트를 더 벌었습니다.' 하고 말하였다. 그러자 주인이 그에게 일렀다. '잘하였다, 착하고 성실한 종아! 네가 작은 일에 성실하였으니 이제 내가 너에게 많은 일을 맡기겠다. 와서 네 주인과 함께 기쁨을 나누어라.' 두 탈렌트를 받은 이도 나아가서, '주인님, 저에게 두 탈렌트를 맡기셨는데, 보십시오, 두 탈렌트를 더 벌었습니다.' 하고 말하였다. 그러자 주인이 그에게 일렀다. '잘하였다, 착하고 성실한 종아! 네가 작은 일에 성실하였으니 이제 내가 너에게 많은 일을 맡기겠다. 와서 네 주인과 함께 기쁨을 나누어라.' 그런데 한 탈렌트를 받은 이는 나아가서 이렇게 말하였다. '주인님, 저는 주인님께서 모진 분이시어서, 심지 않은 데에서 거두시고 뿌리지 않은 데에서 모으신다는 것을 알고 있었습니다. 그래서 두려운 나머지 물러가서 주인님의 탈렌트를 땅에 숨겨 두었습니다. 보십시오, 주인님의 것을 도로 받으십시오.' 그러자 주인이 그에게 대답하였다. '이 악하고 게으른 종아! 내가 심지 않은 데에서 거두고 뿌리지 않은 데에서 모으는 줄로 알고 있었다는 말이냐? 그렇다면 내 돈을 대금업자들에게 맡겼어야지. 그리하였으면 내가 돌아왔을 때에 내 돈에 이자를 붙여 돌려받았을 것이다. 저자에게서 그 한 탈렌트를 빼앗아 열 탈렌트를 가진 이에게 주어라. 누구든지 가진 자는 더 받아 넉넉해지고, 가진 것이 없는 자는 가진 것마저 빼앗길 것이다. 그리고 저 쓸모없는 종은 바깥 어둠 속으로 내던져 버려라. 거기에서 그는 울며 이를 갈 것이다.' "(마태오 25:14-30)

◆ **내담자**: 한 달란트 받은 사람

◆상담 경위

어떤 사람이 타국에 가며 종들을 불러 한 종에게는 금 다섯 달란트를, 한 종에게는 두 달란트를, 또 다른 한 종에게는 한 달란트를 주고 떠났다. 다섯 달란트 받은 자와 두 달란트 받은 자는 장사를 하여 배로 남겼는데 한 달란트를 받은 사람은 돈을 땅에 묻어 두고 아무것도 남기지 못했다. 오랜 시간이 흐르고 주인이 와서 회계를 할 때 앞의 두 종은 주인에게 칭찬을 받고 더 많은 것을 받게 되었으나 한 달란트 받은 사람은 주인에게 "악하고 게으른 종"이라는 꾸중을 듣고 그가 갖고 있던 한 달란트마저 빼앗기고 바깥 어두운 곳으로 내쫓겼다. 그는 거기서 슬피 울며 이를 갈았다.

◆내담자의 인상 및 행동 특성

받은 것에 감사할 줄 모르고 불만이 가득 차 있으며 자기 문제를 남의 탓으로 돌린다. 무기력하고 게으르며 책임감이 없다.

◆문제의 탐색

주인에게 한 달란트를 받은 종은 다른 종과 비교하여 자신이 받은 달란트가 적다는 생각에 주인에 대해 불만을 가졌다. 그에게는 자신이 받은 것에 대한 감사가 없었다. 문제는 한 달란트 받은 사람의 왜곡된 인식이었다. 많이 받은 사람만이 많이 남길 수 있다는 논리가 그의 마음 깊은 곳에서 작용한 것이다. 그러나 중요한 것은 얼마나 많은 달란트를 받았는가가 아니라 어떻게 그것을 사용하느냐였다. 주인은 그 사람이 가지고 있지 아니한 능력을 요구한 것이 아니라 받은 능력을 충분히 사용할 것을 요구했던 것이었으나 한 달란트 받은 사람은 이런 주인의 요구에 충실하지 못했다.

◆ **상담의 목표 설정**

- 정서적 결과 목표: 불만, 무기력, 게으름에서 벗어난다.
- 행동적 결과 목표: 삶 속에서 노력함으로써 성취감을 얻을 수 있다.

◆ **Ellis의 구조화 모델 단계에 따른 사례의 실제**

- 구체적 사건, 상황 및 환경의 탐색: 이야기의 초점은 주인으로부터 각기 다른 달란트를 받은 세 사람의 종 가운데 한 달란트를 받은 불충한 종에게 있다. 사실 성경 본문에서의 불충한 종이란 하나님의 율법과 진리에 대한 태도로 보아서 서기관들과 바리새인들을 지칭하고 있는 것이다. 불충한 종은 한 달란트를 받아서 주인에게 그대로 돌려 드리려고 땅에 묻었다. 이와 마찬가지로 서기관들과 바리새인들의 모든 관심은 율법을 그대로 보존하는 데에만 쏠려 있었다. 그들 자신의 말을 빌리면 그것은 '율법의 둘레에 울타리를 세우는 것'과 같았다. 어떤 변화도, 발전도, 변경도 그들에게는 죄악이었다. 한 달란트 받은 사람과 같이 그들은 율법을 그대로 지키려고 했다. 이것이 바로 그들이 책망받는 이유였다. 그러나 이 말씀은 오늘날 우리에게도 시대를 초월한 교훈을 남긴다. 어떤 도전도 없이 정체된 상태로 받은 재능을 썩히는 게으른 사람은 갖고 있는 것까지 빼앗기고 무

익한 삶을 살게 된다는 교훈 말이다. 한 달란트 받은 종의 문제는 바로 여기에 있었다. 그는 자신이 받은 것에 대한 감사와 기쁨과 보람을 모르고, 무기력한 합리화를 계속하고 스스로 가진 것을 남과 비교하며 열등감, 불만, 게으름으로 가득 차, 무기력하고 무의미한 삶을 지탱하고 있던 것이다.

- 생각 · 신념 · 세상을 이해하는 방식의 탐색: Ellis의 초기 11가지 비합리적 사고 중에는 "인생에서 어려움에 부딪치기보다 피해 가는 것이 편하다."라는 항목이 있다. 한 달란트 받은 사람은 인생의 활기가 되는 도전, 모험, 정열 등을 스스로 땅에 묻어 버리고 자신이 갖지 못한 것에 대한 불만으로만 가득한 삶을 살았다. 그에게 있어 주인(하나님)은 인색한 분이었으며 세상은 자신의 뜻대로 움직여 주지 않는 불합리한 장소에 불과했다. 자신은 부당한 대우를 받고 있으므로 세상에 되돌려 줄 것이 없으며 그 책임은 자신에게 한 달란트밖에 허용하지 않은 주인에게 있다고 원망만 하고 있었다.
- 문제 해결: 주인은 일단 한 달란트 받은 종의 변론을 듣는다. 종은 "주인이여, 당신은 굳은 사람이라 심지 않은 데서 거두고 헤치지 않은 데서 모으는 줄을 내가 알았으므로 두려워하여 나가서 당신의 달란트를 땅에 감추어 두었었나이다. 보소서, 당신의 것을 가지셨나이다."라고 오히려 주인에게 문제의 초점을 돌린다. 이에 주인은 직언과 귀납법적 논박을 한다. "악하고 게으른 종아, 나는 심지 않은 데서 거두고 헤치지 않은 데서 모으는 줄을 네가 알았느냐 그러면 네가 마땅히 내 돈을 취리하는 자들에

게나 맡겼다가 내가 돌아와 내 원금과 이자를 받게 하였을 것이니라."

인간은 각각 그 능력에 따라 하나님으로부터 풍성한 은사를 부여받는다. 그러나 그것을 어떻게 활용하는가는 각자 다르다. 다섯 달란트와 두 달란트 받은 두 종은 최악의 경우에 그들의 소유 전부를 잃게 될 것을 알면서도 자기들의 주인을 위해 모험을 하였다. 그러나 한 달란트 받은 종은 자기 주인의 이익에는 무관심하고 자기 자신의 몸을 아끼는 데만 신경을 써 주인의 선물을 방치해 두었다. 주인은 성공적으로 일한 두 사람에게는 더 많은 일을 맡겼고, 모험을 하지 않은 사람에게는 벌을 내렸다. 이 비유는 사람이 평생을 두고 선한 투쟁을 계속해야 하며, 안일하게 살다 보면 가진 것마저 잃어버릴 수 있음을 깨닫게 해준다.

- 과제를 통한 문제 해결 상태의 유지 및 영구적 문제 해결: 한 달란트 가졌던 종은 이 일을 계기로 자신의 삶의 태도를 뒤돌아보게 되었을 것이다. 그는 받은 재능을 보존하는 유일한 길은 하나님과 이웃에 봉사하는 일임을 알고 그를 실천하겠다는 삶의 과제를 안게 되었다.

10. 베드로의 상담

마태 26:69-75, 마가 14:29-31, 요한 21:15-19

개신교 베드로가 바깥 뜰에 앉았더니 한 비자가 나아와 가로되 너도 갈릴리 사람 예수와 함께 있었도다 하거늘 베드로가 모든 사람 앞에서 부인하여 가로되 나는 네 말하는 것이 무엇인지 알지 못하겠노라 하며 앞문까지 나아가니 다른 비자가 저를 보고 거기 있는 사람들에게 말하되 이 사람은 나사렛 예수와 함께 있었도다 하매 베드로가 맹세하고 또 부인하여 가로되 내가 그 사람을 알지 못하노라 하더라 조금 후에 곁에 섰던 사람들이 나아와 베드로에게 이르되 너도 진실로 그 당이라 네 말소리가 너를 표명한다 하거늘 그가 저주하여 맹서하여 가로되 내가 그 사람을 알지 못하노라 하니 닭이 곧 울더라 이에 베드로가 예수의 말씀에 닭 울기 전에 네가 세 번 나를 부인 하리라 하심이 생각나서 밖에 나가서 심히 통곡하니라.(마 26:69-75)

개신교 저희가 조반 먹은 후에 예수께서 시몬 베드로에게 이르시되 요한의 아들 시몬아 네가 이 사람들보다 나를 더 사랑하느냐 하시니 가로되 주여 그러하외다 내가 주를 사랑하는 줄 주께서 아시나이다 가라사대 내 어린 양을 먹이라 하시고 또 두 번째 가라사대 요한의 아들 시몬아 네가 나를 사랑하느냐 하시니 가로되 주여 그러하외다 내가 주를 사랑하는 줄 주께서 아시나이다 가라사대 내 양을 치라 하시고 세 번째 가라사대 요한의 아들 시몬아 네가 나를 사랑하느냐 하시니 주께서 세 번째 네가 나를 사랑하느냐 하시므로 베드로가 근심하여 가로되 주여 모든 것을 주께서 아시오매 내가 주를 사랑하는 줄을 주께서 아시나이다 예수께서 가라사대 내 양을 먹이라 내가 진실로 진실로 네게 이르노니 젊어서는 네가 스스로 띠 띠우고 원하는 곳으로 다녔거니와 늙어서는 네 팔을 벌리리니 남이 네게 띠 띠우고 원치 아니하는 곳으로 데려 가리라 이 말씀을 하심은 베드로가 어떠한 죽음으로 하나님께 영광을 돌릴 것을 가르키심이러라 이 말씀을 하시고 베드로에게 이르시되 나를 따르라 하시니.(요 21:15-19)

천주교 베드로는 안뜰 바깥쪽에 앉아 있었는데 하녀 하나가 그에게 다가와 말하였다. "당신도 저 갈릴래아 사람 예수와 함께 있었지요?" 그러자 베드로는 모든 사람 앞에서, "나는 당신이 무슨 말을 하는지 모르겠소." 하고 부인하였다. 그가 대문께로 나가자 다른 하녀가 그를 보고 거기에 있는 이들에게, "이이는 나자렛 사람 예수와 함께 있었어요." 하고 말하였다. 그러자 베드로는 맹세까지 하면서 "나는 그 사람을 알지 못하오." 하고 다시 부인하였다. 그런데 조금 뒤에 거기 서 있던 이들이 베드로에게 다가와, "당신도 그들과 한패임이 틀림없소. 당신의 말씨를 들으니 분명하오." 하고 말하였다. 그때에 베드로는 거짓이면 천벌을 받겠다고 맹세하기 시작하며, "나는 그 사람을 알지 못하오." 하였다. 그러자 곧 닭이 울었다. 베드로는 "닭이 울기 전에 너는 세 번이나 나를 모른다고 할 것이다." 하신 예수님의 말씀이 생각나서, 밖으로 나가 슬피 울었다.(마태오 26:69-75)

천주교 그들이 아침을 먹은 다음에 예수님께서 시몬 베드로에게 물으셨다. "요한의 아들 시몬아, 너는 이들이 나를 사랑하는 것보다 더 나를 사랑하느냐?" 베드로가 "예, 주님! 제가 주님을 사랑하는 줄을 주님께서 아십니다." 하고 대답하자, 예수님께서 그에게 말씀하셨다. "내 어린 양들을 돌보아라."

예수님께서 다시 두 번째로 베드로에게 물으셨다. "요한의 아들 시몬아, 너는 나를 사랑하느냐?" 베드로가 "예, 주님! 제가 주님을 사랑하는 줄을 주님께서 아십니다." 하고 대답하자, 예수님께서 그에게 말씀하셨다. "내 양들을 돌보아라." 예수님께서 세 번째로 베드로에게 물으셨다. "요한의 아들 시몬아, 너는 나를 사랑하느냐?" 베드로는 예수님께서 세 번이나 "나를 사랑하느냐? 하고 물으시므로 슬퍼하며 대답하였다. "주님, 주님께서는 모든 것을 아십니다. 제가 주님을 사랑하는 줄을 주님께서는 알고 계십니다. 그러자

> 예수님께서 베드로에게 말씀하셨다. "내 양들을 돌보아라. 내가 진실로 진실로 너에게 말한다. 네가 젊었을 때에는 스스로 허리띠를 매고 원하는 곳으로 다녔다. 그러나 늙어서는 네가 두 팔을 벌리면 다른 이들이 너에게 허리띠를 매어주고, 네가 원하지 않는 곳으로 데려갈 것이다."
> 예수님께서는 이렇게 말씀하시어, 베드로가 어떠한 죽음으로 하느님을 영광스럽게 할 것인지 가리키신 것이다. 이렇게 이르신 다음에 예수님께서는 베드로에게 "나를 따라라." 하고 말씀하셨다.(요한 21:15-19)

◆**내담자**: 베드로

◆**상담 경위**

부활하신 예수님께서 디베랴 바다에 나타나셨다. 예수님의 죽음 이후 낙망한 제자들은 각기 생업을 찾아 떠났다. 베드로와 제자들 몇은 다시 본업이었던 어부가 되어 바다에서 고기를 잡고 있었다. 부활하신 예수님께서 그곳에 나타나셔서 제자들에게 조반을 먹여주신 후 시몬 베드로에게 물으셨다. "요한의 아들 시몬아 네가 이 사람들보다 나를 더 사랑하느냐." 베드로가 대답했다 "주여 그러하외다. 내가 주를 사랑하는 줄 주께서 아시나이다." 그러자 예수님께서 "내 양을 먹이라."라고 하셨다. 예수님은 베드로에게 똑같은 질문을 세 번이나 하셨다. 이에 베드로는 근심하며 주님을 사랑한다고 세 번을 고백하였다.

◆ **내담자의 인상 및 행동 특성**

베드로는 성격이 급하고 다혈질이었다. 그는 자기의 생각을 거침없이 행동으로 옮기는 사람이었으나 감정의 기복이 심했고 어려움이 닥치면 회피하는 형이었다.

◆ **문제의 탐색**

예수님께서 베드로를 향해 "요한의 아들 시몬아 네가 이 사람들보다 나를 더 사랑하느냐."라고 여러 번 반복하여 물으신 데는 이유가 있었다. 예수님께서 고난당하시기 전 베드로는 예수님을 위해 목숨을 버리겠노라고 장담했으나 예수님께서 "네가 나를 위하여 네 목숨을 버리겠느냐 내가 진실로 진실로 네게 이르노니 닭 울기 전에 네가 3번 나를 부인하리라."(요 13:38)라고 하셨고, 과연 베드로는 대제사장의 뜰에서 3번 예수님을 부인하였다. 그후 죄책감에 시달리며 모든 것을 포기한 채 다시 어부로 돌아간 베드로 앞에 예수님께서 나타나셨던 것이다. 예수님은 다시 베드로에게 똑같은 질문을 던지셨다. "시몬아, 네가 이 사람보다 나를 더 사랑하느냐."

◆ **상담의 목표 설정**

- 정서적 결과 목표: 수치심과 죄악감에서 벗어난다.
- 행동적 결과 목표: 죄책감에서 벗어나 다시 지도자적 사명을 갖고 일한다.

◆**Ellis의 구조화 모델 단계에 따른 사례의 실제**

• 구체적 사건 상황 및 환경의 탐색: 체념과 패배의식에 사로잡힌 베드로는 마음 깊이 예수님에 대한 죄책감을 갖고 디베랴 바다로 나가 밤새도록 물고기를 잡기 위해 애를 썼으나 날이 샐 때까지 한 마리도 잡지 못했다. 이때 예수님께서 바닷가에 나타나셔서 "그물을 배 오른편에 던지라."라고 하셨고 이에 베드로가 그렇게 했더니 고기가 많아서 그물을 들 수 없을 정도로 걸려들었다. 베드로는 그제서야 그 사람이 예수님이신 걸 알고 바다로 뛰어내려 예수님께로 갔다. 예수님은 제자들에게 떡과 생선으로 식사를 하게 하신 후 세 번 질문하셨다. 베드로에게는 뼈아픈 질문이었다. 베드로는 예수님께서 같은 질문을 반복하시자 근심하며 "주님 모든 것을 아시지 않습니까."라고 가슴속에 있는 것을 토해 내듯 대답했다.

• 생각 · 신념 · 세상을 이해하는 방식의 탐색: 베드로는 "나는 예수님을 배반한 죄인이다."라는 죄의식과 수치감을 느끼고 있었다. 그는 자신이 믿고 따르던 모든 것들이 사라지자 패배감과 절망감만 갖게 되었다. 체념은 그를 다시 헛그물질하는 어부로 돌아가게 했다. 예수님을 따르던 그에게 세상은 냉담했다. 그는 그런 세상 속에서 두려움을 느꼈다. 그 두려움이 그로 하여금 예수님을 부인하게 했던 것이다.

• 문제 해결: 예수님은 베드로에게 물으셨다. "요한의 아들 시몬아, 네가 사람들보다 나를 더 사랑하느냐?" 예수님의 질문에 베드로는 예수님이 아직 십자가에 못 박히시기 전에 자신이 장담

했던 말을 떠올렸을 것이다. "다 주를 버릴지라도 나는 언제든지 버리지 않겠나이다. 다른 자들이 어찌하든지 간에 나에게는 상관이 없나이다. 나는 당신을 언제까지라도 진실로 사랑하겠나이다."(마 26:33) 베드로는 아픈 가슴으로 예수님의 질문에 "내가 주를 사랑하는 줄 아시지 않습니까."라고 대답했다. 사실 예수님은 같은 질문을 세 번 하심으로써 앞서 세 번 주를 부인한 베드로에게 다시금 자신의 사랑을 긍정하는 기회를 주신 것이었다. 다시 말해, 예수님은 그 은혜로우신 용서 가운데 베드로에게 세 번 사랑의 선언을 하게 함으로써 세 번의 부인을 했던 기억을 씻어 버릴 기회를 주셨던 것이다. 사랑은 그에게 회복과 사명을 주었다. "만일 네가 나를 사랑한다면 내 어린 양을 먹이라." 예수님은 베드로에게 다른 사람을 사랑함으로써 예수님에 대한 사랑을 증명하도록 명하셨다. 사랑은 책임과 희생을 수반하는 것이다. 예수님으로부터 용서받고 새로운 사명을 받은 베드로는 죄책감과 수치심에서 벗어나 소망을 갖게 되었다.

- 과제를 통한 문제 해결 상태의 유지 및 영구적 문제 해결: 베드로는 그를 누르고 있던 패배의식과 죄책감에서 벗어나 사랑을 고백하는 정서적 효과를 나타냈고 새 사명 앞에 기꺼이 자신을 희생할 각오를 다지고 사랑의 삶을 살게 되었다.

11. 이삭 자르기와 안식일 논쟁

마태 5:17-26, 12:1-8, 마가 2:23-28, 누가 6:1-5

개신교 안식일에 예수께서 밀밭 사이로 지나가실 새 그 제자들이 길을 열며 이삭을 자르니 바리새인들이 예수께 말하되 보시오 저희가 어찌하여 안식일에 하지 못할 일을 하나이까. 예수께서 가라사대 다윗이 자기와 및 함께한 자들이 핍절되어 시장할 대에 한 일을 읽지 못하였느냐. 그가 아비아달 대제사장 때에 하나님의 전에 들어가서 제사장 외에는 먹지 못하는 진설병을 먹고 함께한 자들에게도 주지 아니하였느냐. 또 가라사대 안식일은 사람을 위하여 있는 것이요 사람이 안식일을 위하여 있는 것이 아니니 이러므로 인자는 안식일에도 주인이니라.(막 2:23-28)

천주교 예수님께서 안식일에 밀밭 사이를 질러가시게 되었다. 그런데 그분의 제자들이 길을 내고 가면서 밀 이삭을 뜯기 시작하였다. 바리사이들이 예수님께 말하였다. “보십시오, 저들은 어째서 안식일에 해서는 안 되는 일을 합니까?” 그러자 예수님께서 그들에게 말씀하셨다. “다윗과 그 일행이 먹을 것이 없어 배가 고팠을 때, 다윗이 어떻게 하였는지 너희는 읽어 본 적이 없느냐? 에브야타르 대사제 때에 그가 하느님의 집에 들어가, 사제가 아니면 먹어서는 안 되는 제사 빵을 먹고 함께 있는 이들에게도 주지 않았느냐?" 이어서 그들에게 말씀하셨다. "안식일이 사람을 위하여 생긴 것이지, 사람이 안식일을 위하여 생긴 것은 아니다. 그러므로 사람의 아들은 또한 안식일의 주인이다." (마르코 2:23-28)

◆ **내담자**: 바리새인

◆ **상담 경위**

안식일에 예수께서 밀밭 사이를 제자들과 함께 걸어가고 있었다. 제자들이 이삭을 잘라 손으로 비벼 먹었다. 이에 예수님의 반대 세력인 바리새인들이 문제를 제기했다. 안식일에 왜 일을 하느냐 하는 것이었다. 그들이 지키는 안식일 규례대로 하면 제자들의 이삭 자르기는 율법을 파괴하는 일이었다. 안식일에 금하는 일 중에 수확하는 것, 타작하는 것, 키질하는 것, 음식 장만하는 것 등이 있었고, 엄밀하게 말해서 제자들이 이삭을 잘라 손으로 비벼 먹은 것은 이 네 가지를 모두 범한 것이 되었기 때문이다. 밀 이삭을 자름으로써 수확하는 죄를 범한 것이요, 그것을 손으로 비빔으로써 탈곡하는 죄를 범한 것이요, 껍질을 불어 날림으로써 키질을 하는 죄를 범한 것이며, 그것을 먹었으니 안식일에 음식을 장만한 것이 되었다는 뜻이었다. 어처구니 없는 말 같으나 바리새인들에게는 이런 일이 치명적인 죄였다. 바리새인들은 예수님의 제자들을 즉시 비난했다.

◆ **내담자의 인상 및 행동 특성**

규칙과 규율에 매여 완고하고 경직된 사람들로 남을 정죄하고 비난한다.

◆ **문제의 탐색**

예수님과 제자들을 주목하고 있던 바리새인들의 눈에 안식일에 밀밭에서 이삭을 자르는 예수님의 제자들이 보였다. 안식일에 대한 법은 여러 가지가 있었으며 그 법이 제시하는 모든 일은 금지되어 있었다. 바리새인들은 예수님의 제자들이 추수, 키질, 탈곡, 거친 가루 준비하기 등의 규율을 어겼다고 비난하고 정죄했다. 이들은 예수님께 "어찌하여 안식일에 하지 못할 일을 하느냐."라고 질책했다. 예수님의 제자들이 율법을 파괴했다고 질책한 것이다.

◆ **상담의 목표 설정**

- 정서적 결과 목표: 비난, 정죄, 경직된 감정에서 벗어난다.
- 행동적 결과 목표: 율법에 매인 완고하고 편협한 사고와 겉치레에만 신경 쓰는 행동에서 벗어나 삶의 자유를 느끼고, 이웃에 대한 편견과 비난에서 탈피함으로써 자유로운 인간관계를 맺는다.

◆ **Ellis의 구조화 모델 단계에 따른 사례의 실제**

- 구체적 사건 상황 및 환경의 탐색: 어떤 모습으로든 예수님을 율법으로 옭아매려 했던 바리새인들은 늘 예수님과 그 제자들을 주목하고 있었다. 예수님은 바리새인들의 규칙과 규율에 정

면으로 맞섰다. 하루는 안식일에 예수님과 제자들이 밀밭 사이를 지나다가 제자들이 밀 이삭을 따서 먹기 시작했다. 보통날이었으면 제자들이 한 일은 자유로이 용납되는 일이었으나 안식일에 행해졌으므로 율법 파괴자라는 죄목을 쓰게 된 것이다. 바리새인들에게는 하나의 큰 원칙이 있었다. 그 원칙이란 인간은 만사에 하나님의 뜻을 찾아야 하고 전 생명을 다 바쳐 하나님의 뜻에 순종해야 한다는 것이었다. 물론 그것은 옳다. 그러나 그들은 인간이 만든 인위적인 규례와 규칙 속에서 하나님의 뜻을 찾으려 했다. 율법의 기본 원칙은 하나님에 대한 경외와, 나와 이웃에 대한 존경이다. 이러한 경외와 존경은 수없이 많은 사소한 규례나 규칙을 지키는 데 있지 않다. 이것은 형식적인 법보다 더 중요한 것이 자비이고, 율법을 고수하는 것보다 더 중요한 것이 사랑하는 것이기 때문이다. 그러나 바리새인들은 이 사실을 깨닫지 못하고 큰 과오를 저질렀다.

- 생각 · 신념 · 세상을 이해하는 방식의 탐색: "율법을 어기면 죄인이다."라는 양분 논리적 사고를 가진 자로, "율법을 지키는 나는 의롭고 율법을 지키지 않는 너희는 나쁘다."라는 논리로 "안식일에 일을 하면 위법자"라는 식의 왜곡된 신념을 지니고 있었다. 또 인간의 존엄성보다는 인간이 만들어 놓은 규칙과 규례를 더 중히 여겼다.
- 문제 해결: 제자들을 정죄하는 바리새인들에게 예수님은 구약성서를 예로 들어 논박하셨다. 사무엘상 21장 1~6절에 나온 예화를 인용하셨다. 당시 성전에서는 안식일마다 하나님 앞에

열두 개의 밀로 만든 떡을 진설했는데 그것은 열한 번이나 체로 친 밀가루로 구운 것이었다. 이 떡의 이름은 진설병이었는데 이 진설병은 제사장 외에는 아무도 먹어서는 안 되었다. 그러나 다윗은 그 빵을 먹고 율법을 깨뜨렸다. 예수님은 하나님의 율법보다도 인간의 필요가 더 우위에 있다는 것을 보여 주는 선례를 제시한 것이었다. "다윗이 자기와 및 함께한 자들이 핍절되어 시장할 때에 한 일을 읽지 못하였느냐. 그가 아비아달 대제사장 때에 하나님의 전에 들어가서 제사장 외에는 먹지 못하는 진설병을 먹고 함께한 자들에게도 나누어 주지 아니하였느냐." 이는 진설병을 굶주린 사람에게 먹이는 일만큼 성스러운 일은 없다는 말씀이었다. 마찬가지로 안식일도 도움이 필요한 사람들을 돕기 위하여 사용할 때 가장 성스러울 수 있다는 것이었다. 모든 사물을 어떻게 사용할지는 사랑으로 결정하는 것이지 결코 율법으로 결정할 수 없다는 설명이었다. 이어서 예수님은 "안식일은 사람을 위하여 있는 것이요 사람이 안식일을 위하여 있는 것이 아니니 이러므로 인자는 안식일에도 주인이니라."라고 말씀하셨다. 사람은 안식일의 율법이 나오기 전에 창조되었다. 그러므로 사람은 안식일을 지키기 위해 만든 존재도 아니요, 규칙이나 규율의 희생자나 노예가 되기 위하여 창조된 존재도 아니다. 안식일의 규칙과 규율은 사람이 더 바르고 충실히 살기 위해 스스로 만든 것뿐이다. 따라서 인간은 안식일의 노예가 아니며, 안식일은 사람을 위해 존재한다고 할 수 있다. 예수님은 이 사실을 알려 줌으로써 바리새인들이 가지고 있던 안식일 규례에 대한 완고한 편견에 도전하신 것이다.

• 과제를 통한 문제 해결 상태의 유지 및 영구적 문제 해결: 종교의 핵심은 사랑과 용서와 봉사와 긍휼이다. 바리새인들은 이 핵심을 잊어버리고 규칙과 규율만을 고집하면 문제가 된다는 것을 깨닫게 되었다.

12. 제자의 개명

마태 10:1-4, 마가 3:16-17

개신교 이 열둘을 세우셨으니 시몬에게는 베드로란 이름을 더하셨고 또 세베대의 아들 야고보와 야고보의 형제 요한이니 이 둘에게는 보아너게 곧 우레의 아들이라는 이름을 더하셨으며(막 3:16-17)

천주교 이렇게 예수님께서 열둘을 세우셨는데, 그들은 베드로라는 이름을 붙여 주신 시몬, '천둥의 아들들' 이라는 뜻으로 보아네르게스라는 이름을 붙여 주신 제베대오의 아들 야고보와 그의 동생 요한(마르코 3:16-17)

◆ **내담자**: 시몬, 요한

◆ **상담 경위**

예수님께서 열두 명의 제자를 세우셨다. 예수님께서 제자를 세우신 목적은 첫째 주님과 함께 있게 하기 위함이셨다. 헤아릴 수 없는 군중이 예수님께 몰려 왔다 몰려 가곤 했지만 열두 제자만은 항상 주님과 함께 먹고 자며 살았다. 둘째 목적은 제자들을 보내셔서 전도를 하고 귀신을 내쫓는 권세도 있게 하려 하심이었다. 예수님은 제자 중 시몬에게 베드로라는 이름을 더하셨다. 또 세베대의 아들 야고보와 야고보의 형제 요한에게는 '보아너게 곧 우뢰의 아들'이라는 이름을 더 하셨다.

◆내담자의 인상 및 행동 특성

• 베드로는 순수한 면이 있었으나 과격했고 두려움이 많았다.

• 요한은 성격이 급하고 거칠었다.

◆문제의 탐색

예수님의 열두 제자는 실수도 많고 부족한 점도 많았으나 예수님께 특별히 선택받은 자들이었다. 제자란 말에는 '배우는 자'란 뜻이 있다. 그들은 예수님에 대하여 더욱더 배우는 사람으로서 선택받은 것이었다. 주님을 알수록 그들은 자신이 어떤 인물인가에 대하여도 잘 알게 되었다. 시몬이나 요한 역시 자기 자신을 다스릴 수 있는 사람이 되기 위해서는 먼저 자신에 대하여 알아야만 했다.

◆상담의 설정 목표

• 정서적 결과 목표

 -베드로: 두려움을 극복한다.

 -요한: 급하고 거친 성격을 고친다.

• 행동적 결과 목표

 -베드로: 두려움을 극복하고 흔들림 없는 반석 같은 사람이 되어 간다.

–요한: 분노와 조급하고 거친 성격이 변화되어 사랑의 사람이 된다.

◆ **Ellis의 구조화 모델 단계에 따른 사례의 실제**

• 구체적 사건 상황 및 환경의 탐색: 베드로와 요한은 예수님의 제자로 선택받았다. 그들은 지극히 평범한 사람들이었지만 예수님께서 그들을 원하셨다. "자기의 원하는 자들을 부르시니 나아온지라 이에 열둘을 세우셨으니" 제자의 첫 조건은 예수님께서 원하시는 사람이라야 한다는 것이었다. 제자가 스스로 예수님의 제자가 되기를 선택한 것이 아니라 예수님께서 먼저 그들을 제자로 택했다는 것이다. 제자들은 예수님의 택하심(소명주심)에 대해 즉각적으로 순종했다. 그들은 주님과 모든 것을 함께했다. 예수님은 제자들에게 메시지를 주셨고 능력도 주셨다. 열두 제자 중 베드로는 요한과 그의 형제 야고보와 함께 예수님의 수제자가 되었다. 베드로의 이름은 '시몬'이었으나 예수님께서 그에게 '베드로'라는 이름을 주셨다. '베드로'는 '반석'이라는 뜻이다. 요한에게는 '보아너게 곧 우뢰의 아들'이라는 이름을 더해 주셨다. 예수님은 택하신 제자들이 자신을 대신하여 나아가 일하기를 원하셨다. 예수님의 사랑을 전하고 그 말씀을 전파하기를 원하셨던 것이다. 즉 제자들이 예수님을 증거하도록 하고 싶어 하셨다. 여기서 증거한다는 것은 지식을 말로만 전하는 것이 아니라 자신의 삶을 통해 몸으로, 인격으로, 생활로 전하는 것이었다. 그러기 위해서는 제자들의 성격이나 인

격이 변화되어야 했다.

- 생각 · 신념 · 세상을 이해하는 방식의 탐색: 베드로는 때로는 과격하게, 때로는 순수하지만 비겁한 모습으로, 때로는 용감한 모습으로 자신을 드러낸 사람이었다. 그는 흔들렸고 견고하지 못한 사람이었다. 그의 약점은 두려움이었다. 그는 이 두려움에 대처하기 위해 역으로 무모한 모험을 시도하기도 했다. 요한은 성급하고 거칠었으며 분노를 잘 드러내는 사람이었다. 당시 유대인과 사마리아인은 서로 감정이 좋지 않았다. 인종과 종교상의 문제 탓이었다. 어느 날 예수님과 제자들은 유월절을 지키기 위해 사마리아를 거쳐 예루살렘으로 가던 도중 잠잘 곳이 필요해졌다. 예수님은 잠자리를 앞서 준비하라고 제자들을 촌으로 보냈는데 사마리아인들이 예수님의 일행을 영접할 수 없다고 했다. 이 말을 들은 요한은 참지 못하고 "주여, 우리가 불을 명하여 하늘로서 내려와 저들을 멸하라 명하리이까?"라고 하였다. 그는 세상에 대한 포용력이 부족한 사람이었다.
- 문제 해결: 베드로는 인간적인 성향을 가리고 있어 예수님에게 헌신적이고 충성스러운 모습을 보였다. 그러나 그는 늘 두려움이라는 약점 때문에 실수를 하곤 했다. 풍랑이 이는 바다 위를 걸어가게 해 달라고 예수님께 요청하여 모험을 시도하면서도, 곧 풍랑을 보고 두려워하여 물 속에 빠지곤 했다. 그때 예수님은 베드로의 믿음 없음을 지적하며 왜 의심하였느냐고 책망하셨다. 이 두려움과 불안은 아직 예수님에 대한 깊은 신뢰감이 부족하다는 것을 드러내는 것이었다. 죽기까지 예수님을 따라

가겠다고 호언장담하던 그가 예수님을 강하게 세 번이나 부인한 것은 자신에게 불리한 상황이 올 것을 두려워했기 때문이었다. 그러나 늘 두려움에 갈대처럼 흔들리는 시몬에게 예수님은 '반석'이라는 이름을 주셨다. 흔들리지 않는 견고한 바위 같은 믿음을 가지라는 뜻이었다. '베드로'라는 이름을 얻은 베드로는 자아 개념을 바꾸었다.

예수님은 또 성급하고 거친 성격의 소유자였던 요한에게 '우뢰의 아들'이란 이름을 더해 주셨다. 요한은 예수님을 알고 만나기 전까지는 자기의 성격에 대해 그다지 심각하게 생각하지 않았을 것이다. 그러나 예수님은 이 성격에서 오는 죄를 요한에게 엄격히 똑바로 보게 했다. 한 예로 요한이 사마리아인들을 불을 명하여 멸망시켜야 한다고 했을 때 예수님은 요한을 꾸중하셨다. "너는 무슨 정신으로 말하느냐. 인자가 온 것은 생명을 멸하러 온 것이 아니요 구하러 왔노라." 요한은 자신의 '우뢰의 아들'과 같은 성격이 생명을 멸할 수도 있다는 사실을 예수님이 주신 이름을 들을 때마다 떠올렸을 것이다. 이것은 그의 성격을 변화시키는 데 결정적인 역할을 했을 것이다.

• 과제를 통한 문제 해결 상태의 유지 및 영구적 문제 해결: 예수님께서 베드로나 요한에게 '반석'과 '우뢰의 아들'이란 뜻의 이름을 주신 것은 그들에게 해결해야 할 과제를 주신 것이나 마찬가지였다. 베드로는 마음이 두려움으로 갈대(시몬)처럼 흔들릴 때마다 '나는 흔들리지 않는 반석 같은 사람이다'라는 자기 암시를 함으로 시험을 이길 수 있었을 것이다. 요한은 자신의 급

하고 거친 성격으로 인해 일을 그르치거나 사람에게 상처를 입히게 될 경우 '나는 우뢰의 아들이 아니다. 나는 사랑의 아들이다'라는 생각으로 자신을 다스릴 수 있었다. 후에 베드로는 초대 교회의 '반석'과 같은 사도가 되었고, 요한은 '사랑의 사도'라는 별명을 얻었다.

13. 누가 크냐 논쟁

마가 9:33-37

개신교 가버나움에 이르러 집에 계실새 제자들에게 물으시되 너희가 노중에서 서로 토론한 것이 무엇이냐 하시되 저희가 잠잠하니 이는 노중에서 서로 누가 크냐 하고 쟁론하였음이라. 예수께서 앉으사 열두 제자를 불러서 이르시되 아무든지 첫째가 되고자 하면 뭇사람의 끝이 되며 뭇사람을 섬기는 자가 되어야 하리라 하시고 어린아이 하나를 데려다가 그들 가운데 세우시고 안으시며 제자들에게 이르시되 누구든지 내 이름으로 이런 어린아이 하나를 영접하면 곧 나를 영접함이요, 누구든지 나를 영접하면 나를 영접함이 아니요 나를 보내신 이를 영접함이니라.(막 9:33-37)

천주교 그들은 카파르나움에 이르렀다. 예수님께서는 집 안에 계실 때에 제자들에게, "너희는 길에서 무슨 일로 논쟁하였느냐?" 하고 물으셨다. 그러나 그들은 입을 열지 않았다. 누가 가장 큰 사람이냐 하는 문제로 길에서 논쟁하였기 때문이다. 예수님께서는 자리에 앉으셔서 열두 제자를 불러 말씀하셨다. "누구든지 첫째가 되려면, 모든 이의 꼴찌가 되고 모든 이의 종이 되어야 한다." 그러고 나서 어린이 하나를 데려다가 그들 가운데에 세우신 다음, 그를 껴안으시며 그들에게 이르셨다. "누구든지 이런 어린이 하나를 내 이름으로 받아들이면 나를 받아들이는 것이다. 그리고 나를 받아들이는 사람은 나를 받아들이는 것이 아니라 나를 보내신 분을 받아들이는 것이다." (마르코 9:33-37)

◆ **내담자**: 예수님의 제자들

◆ **상담 경위**

예수님께서 가버나움에 이르러 집에 계실 때 제자들에게 물으셨다. "너희가 노중에서 서로 토론한 것이 무엇이냐?" 제자들은 아무 대답도 할 수 없었다. 이때까지도 예수님의 제자들은 예수님이 메시아(구주)라는 것을 이해하지 못하고 있었다. 제자들은 예수님의 왕국이 이 땅에 세워질 것으로 생각하고 장차 그 왕국이 건설되자 누가 그 왕국의 장관으로 임명되어야 하는지에 대해 쟁론하기 바빴다. 한마디로 누가 더 큰 자인지 가려내기에만 집중했던 것이었다.

◆ **내담자의 인상 및 행동 특성**

제자들은 성공하려는 야망을 갖고 있었기 때문에 서로를 견제하고 있었다.

◆ **문제의 탐색**

예수님은 제자들이 길 위에서 하던 토론을 들으셨다. 예수님이 메시아라는 것을 모르는 제자들은 예수님의 십자가 고난이 다가오고 있는 줄도 모르고 누가 가장 큰 자인지에 대해서만 쟁론하고 있었던 것이다. 예수님은 그런 제자들에게 "너희가 노중에서 서로 토론하는 것이 무엇이냐?"라고 믈으셨다. 제자들은 자신들이 잘못을 하고 있다는 것을 알고 있었다. 그래서 아무 대답도 하지 못하고 침묵했다. 예수님 앞에 자신들의 야망이 드러난 것이 부끄러웠던 것이다.

◆상담의 설정 목표

- 정서적 결과 목표: 시기, 질투, 그릇된 야망에서 벗어난다.
- 행동적 결과 목표: 높아지려는 무가치한 야망에서 벗어나 남을 섬길 수 있는 낮은 자로서의 삶을 살 수 있다.

◆Ellis의 구조화 모델 단계에 따른 사례의 실제

- 구체적 사건 상황 및 환경의 탐색: 예수님은 십자가를 짊어지심으로써 하나님의 나라를 성취하려고 하셨다. 그러나 제자들은 세상적인 관점에서 세워질 왕국만을 기대하고 그곳에서 자신들이 누릴 권세와 부귀영화를 꿈꾸고 있었다. 그들은 서로 누가 더 중책을 맡을 것인가에 대해 토론하며 서로 견제하고 시기하고 질투했다. 예수님은 이 일을 중대한 문제로 인식하셨다. 그래서 제자들이 '내가 무엇을 바라는가? 내가 바라고 있는 것이 참된 것인가?'를 스스로 돌아볼 수 있도록 질문을 던지셨던 것이다.
- 생각 · 신념 · 세상을 이해하는 방식의 탐색: 제자들은 '사람은

반드시 성공해야만 하고 남에게 인정받아야만 한다. 그렇지 않으면 가치가 없다.'라는 비합리적인 생각을 갖고 있었다. 그들은 세상의 야망을 갖고 있었으므로 서로를 경쟁의 대상으로 인식하여 시기하고 질투했다.

• 문제 해결: 제자들이 서로 누가 크냐고 쟁론한 문제에 대해 예수님께서는 그들의 심중을 아시고 "아무든지 첫째가 되고자 하면 뭇사람의 끝이 되며 뭇사람을 섬기는 자가 되어야 한다."라고 말씀하셨다. 예수님의 이 논박은 제자들의 야망을 없애려 한 것이 아니라 한 차원 높은 새로운 야망을 제시하신 것이었다. 지배하려는 야망을 봉사하려는 야망으로, 자신을 위한 야망을 다른 사람을 위한 야망으로 바꾸신 것이다. 즉, 자기중심적인 야망을 이타적인 야망으로 새롭게 바꾸셨다. 예수님은 제자들에게 사람이 가질 수 있는 최고의 위대함은 종이 되고자 하는 야망에 있다고 말씀하셨다. 이어서 예수님은 어린아이를 한 명 데려다가 비유로 제자들을 논박하셨다. 가치 있는 야망과 무가치한 야망이 무엇인지 선명히 보여 주심으로써 제자들의 비합리적인 사고에 정면으로 도전하신 것이다. "누구든지 내 이름으로 이런 아이 하나를 영접하면 곧 나를 영접함이요, 누구든지 나를 영접하면 나를 영접함이 아니요, 나를 보내신 이를 영접함이니라." 어린아이는 남을 위해 무언가 해 줄 수 있는 능력이 부족하다. 오히려 보살핌을 받아야 할 존재다. 보살펴 주지 않으면 안 될 연약한 사람들을 기쁘게 영접한다면 그 사람이 바로 예수님을 영접하는 것이요, 곧 하나님을 영접하는 것이라는 말

씀을 전하신 것이었다. 이는 곧 우리를 위하여 무엇을 할 수 있는 사람들이 아니라 우리가 무엇을 해 줄 수 있는 사람들을 구해야 한다는 의미였다. 예수님이 말씀하시는 참다운 야망이란 그런 것이었다.

- 과제를 통한 문제 해결 상태의 유지 및 영구적 문제 해결: 제자들은 가장 위대한 자리에 오르려면 가장 낮아져야 한다는 사실을 배웠다. 큰 자가 되고자 하려 첫째가 되지 말고 뭇사람의 끝이 되어야 하며, 주인이 되지 말고 모든 사람을 섬기는 자가 되어야 한다는 것이 예수님의 가르침이었다. 이후 제자들은 예수님이 말씀하신 섬김의 자세로 평생을 살았다.

14. 베드로의 부르심

누가 5:1-11

개신교 무리가 옹위하여 하나님의 말씀을 들을 새 예수는 게네사렛 호숫가에 서서 호숫가에 두 배가 있는 것을 보시니 어부들은 배에서 나와서 그물을 씻는지라. 예수께서 한 배에 오르시니 그 배는 시몬의 배라. 육지에서 조금 띄기를 청하시고 앉으사 배에서 무리를 가르치시더니 말씀을 마치시고 시몬에게 이르시되 깊은 데로 가서 그물을 내려 고기를 잡으라. 시몬이 대답하여 가로되 선생이여 우리들이 밤이 맞도록 수고를 하였으되 얻은 것이 없지마는 말씀에 의지하여 내가 그물을 내리리이다 하고 그리한즉 고기를 에운 것이 심히 많아 그물이 찢어지는지라. 이에 다른 배에 있는 동무를 손짓하여 와서 도와 달라 하니 저희가 와서 두 배에 채우매 잠기게 되었더라. 시몬 베드로가 이를 보고 예수의 무릎 아래 엎드려 가로되 주여 나를 떠나소서 나는 죄인이로소이다 하니 이는 자기와 및 함께 있는 모든 사람이 고기 잡힌 것을 인하여 놀라고 세베대의 아들로서 시몬의 동업자인 야고보와 요한도 놀랐음이라. 예수께서 시몬에게 일러 가라사대 무서워 말라. 이제 후로는 네가 사람을 취하리라 하시니 저희가 배들을 육지에 대고 모든 것을 버려두고 예수를 좇으

니라.(눅 5:1-11)

천주교 예수님께서 겐네사렛 호숫가에 서 계시고, 군중은 그분께 몰려들어 하느님의 말씀을 듣고 있을 때였다. 그분께서는 호숫가에 대어 놓은 배 두 척을 보셨다. 어부들은 거기에서 내려 그물을 씻고 있었다. 예수님께서는 그 두 배 가운데 시몬의 배에 오르시어 그에게 뭍에서 조금 저어 나가 달라고 부탁하신 다음, 그 배에 앉으시어 군중을 가르치셨다.

예수님께서 말씀을 마치시고 나서 시몬에게 이르셨다. "깊은 데로 저어 나가서 그물을 내려 고기를 잡아라." 시몬이 "스승님, 저희가 밤새도록 애썼지만 한 마리도 잡지 못하였습니다. 그러나 스승님의 말씀대로 제가 그물을 내리겠습니다." 하고 대답하였다. 그렇게 하자 그들은 그물이 찢어질 만큼 매우 많은 물고기를 잡게 되었다. 그래서 다른 배에 있는 동료들에게 손짓하여 와서 도와 달라고 하였다. 동료들이 와서 고기를 두 배에 가득 채우니 배가 가라앉을 지경이 되었다.

시몬 베드로가 그것을 보고 예수님의 무릎 앞에 엎드려 말하였다. "주님, 저에게서 떠나 주십시오. 저는 죄 많은 사람입니다." 사실 베드로도, 그와 함께 있던 이들도 모두 자기들이 잡은 그 많은 고기를 보고 몹시 놀랐던 것이다. 시몬의 동업자인 제베대오의 두 아들 야고보와 요한도 그러하였다.

예수님께서 시몬에게 이르셨다. "두려워하지 마라. 이제부터 너는 사람을 낚을 것이다." 그들은 배를 저어다 뭍에 대어 놓은 다음, 모든 것을 버리고 예수님을 따랐다.(루카 5:1–11)

◆ **내담자**: 베드로

◆ **상담 경위**

예수님께서 시몬 베드로의 배에 오르셔서 무리를 가르치셨다. 가르침이 끝난 후 예수님은 시몬에게 "깊은 데로 가서 그물을 내려 고기를 잡으라."라고 말씀하셨다. 사실 시몬은 밤새 고기를 잡으려 했지만 한 마리의 고기도 잡지 못한 후라 이렇게 말했다. "우리들이 밤이 맞도록 수고를 하였으되 얻은 것이 없지마는 말씀에 의지하여 내가 그물을 내리리이다." 그러고는 그물을 던졌다. 그러자 신기한 일이 일어났다. 고기가 너무 많이 잡혀서 그물이 찢어질 지경이 된 것이다. 이에 시몬 베드로가 다른 배에 있는 친구들까지 불러 두 배에 고기가 가득 차 잠기게 되었다. 이것을 본 베드로는 예수님의 무릎 아래 엎드려 "주여 나를 떠나소서. 나는 죄인이로소이다."라고 고백한다.

◆ **내담자의 인상 및 행동 특성**

베드로는 자신의 감정에 대해 솔직하게 반응하고 즉각적으로 표현하는 사람이었다.

◆ **문제의 탐색**

베드로의 생업은 어부였다. 그에게 물고기 잡는 일은 매우 익숙한 일이었다. 그런데도 그는 밤새 헛그물질을 했다. 노력은 했지만 아무런 소득이 없었다. 예수님을 만나기 전까지 그는 그날그날 끼니를 잇는 데 급급한 소망이 없는 삶을 살았을 것이다. 때로는 밤새 노력해도 빈손으로 돌아와야 하는 날도 있었다. 그는 이런 쳇바퀴 같은 삶에 어떤 의미가 있는지 고민했을지도 모른다. 그날도 밤새 헛그물질만 하고 빈 배로 돌아오려는데 그의 배에 예수님이 타셨다. 예수님의 말씀은 베드로에게 새로운 삶의 문을 열어 주었다.

◆ **상담의 목표 설정**

- 정서적 결과 목표: 새로운 삶의 의미를 깨닫는다.
- 행동적 결과 목표: 그물을 버리고 새로운 삶을 위해 적극적으로 나아간다.

◆ **Ellis의 구조화 모델 단계에 다른 사례의 실제**

- 구체적 사건 상황 및 환경의 탐색: 어부였던 베드로에게 가장 자신 있는 일은 고기 잡는 일이었다. 그는 바닷가에서 자란 사람이었다. 고기 잡는 일이라면 그 누구도 자신을 따라올 사람이 없을 것이라는 자부심도 있었다. 그러나 그의 노력이나 경험과는 상관없이 밤새 일해도 빈 배로 돌아오는 날이 허다했다. 그런 날이면 그는 지치고 허탈했다. 그런데 그의 빈 배 위에 예수님이 오르셔서 설교를 시작하셨다. 설교를 끝내신 예수님은 시

몬 베드로에게 "깊은 데로 가서 그물을 내려 고기를 잡으라."라고 하셨다.

- 생각 · 신념 · 세상을 이해하는 방식의 탐색: 베드로에게는 "나는 어부이기 때문에 고기 잡는 일이라면 내가 누구보다 잘 할 수 있다."라는 자신감이 있었다. 그러나 헛그물질로 텅 빈 배처럼 그의 삶에는 늘 충족되지 못한 무언가가 있었다. 베드로에게는 그 부족한 부분을 채우려는 갈망이 있었다. 무언가 새로운 일을 시도해 보려는 생각이 있었던 것이다.
- 문제 해결: 밤새 고기를 잡지 못한 베드로에게 예수님께서는 "깊은 데로 가서 그물을 내려 고기를 잡으라."라고 말씀하셨다. 베드로는 지쳐 있었음에도 다시 해 보기로 했다. 그는 "선생님, 우리들이 밤이 맞도록 수고를 하였으되 얻은 것이 없지마는 말씀에 의지하여 그물을 내리리이다." 하며 깊은 곳으로 갔다. 그 결과 그는 넘치도록 많은 고기를 잡았다. 그의 말을 들은 친구들의 배까지 가라앉을 만큼 많은 고기가 잡혔다. 사실 예수님이 그물을 내리라고 한 때는 고기 잡기에 좋은 상황은 아니었다. 베드로는 경험상 그 시간이 고기잡이에 적합하지 않은 시간임을 알고 있었다. 밤새 헛그물질만 했으니 깊은 데로 가서 그물을 내려도 고기가 잡히지 않을 것이라는 부정적인 생각을 하고 도전해 보려 하지 않을 수도 있었다. 그러나 그는 예수님의 말씀에 의지해 가망이 없어 보이는 일을 시도했다. 그 결과 그는 풍성한 고기를 얻었고 예수님이 일으킨 기적을 두 눈으로 보게 되었다. 물속뿐 아니라 자신의 깊은 내면까지 감찰하시는 주님

의 전능함을 보게 된 것이다. 마침내 그는 예수님의 무릎 앞에 털썩 엎드려 "주여, 나를 떠나소서. 나는 죄인이로소이다."라는 고백을 하게 되었다. 예수님은 그런 그에게 "무서워 말라. 이제 후로는 네가 사람을 취하리라."라고 말씀하셨다. 새로운 삶이 베드로에게 제시된 것이다. 헛그물질을 해대는 무의미한 삶에서 영적인 삶으로 인생의 전환점을 맞게 되었다.

- 과제를 통한 문제 해결 상태의 유지 및 영구적 문제 해결: 베드로는 배를 육지에 대고 모든 것을 버려 두고 예수님을 좇았다. 그는 과거의 모든 삶을 버렸다. 자신의 지식과 경험을 포함해 자신이 가진 모든 것을 새 삶을 위해 버렸다. 그는 새로운 피조물이 된 것이다.

15. 율법사와 상담

누가 10:25-37

개신교 어떤 율법사가 일어나 예수를 시험하여 이르되 선생님 내가 무엇을 하여야 영생을 얻으리이까. 예수께서 이르시되 율법에 무엇이라 기록되었으며 네가 어떻게 읽느냐. 대답하여 이르되 네 마음을 다하며 목숨을 다하며 힘을 다하며 뜻을 다하여 주 너의 하나님을 사랑하고 또한 네 이웃을 네 자신같이 사랑하라 하였나이다. 예수께서 이르시되 네 대답이 옳도다, 이를 행하라. 그러면 살리라 하시니 그 사람이 자기를 옳게 보이려고 예수께 여짜오되 그러면 내 이웃이 누구니이까. 예수께서 대답하여 이르시되 어떤 사람이 예루살렘에서 여리고로 내려가다가 강도를 만나매 강도들이 그 옷을 벗기고 때려 거의 죽은 것을 버리고 갔더라. 마침 한 제사장이 그 길로 내려가다가 그를 보고 피하여 지나가고 또 이와 같이 한 레위인도 그곳에 이르러 그를 보고 피하여 지나가되 어떤 사마리아 사람은 여행하는 중 거기 이르러 그를 보고 불쌍히 여겨 가까이 가서 포도주와 기름을 그 상처에 붓고 싸매고 자기 짐승에 태워 주막으로 가서 돌보아 주니라. 그 이튿날 그가 주막 주인에게 데나리온 둘을 내어 주며 이르되 이 사람을 돌보아 주라, 비용이 더 들면 내가 돌아올 때에 갚으리라 하였으니 네 생각에는 이 세 사람 중에 누가 강도 만난 자의 이웃이 되겠느냐. 이르되 자비를 베푼 자니이다. 예수께서 이르시되 가서 너도 이와 같이 하라 하시니라.(눅 10:25-37)

천주교 어떤 율법 교사가 일어서서 예수님을 시험하려고 말씀하였다. "스승님, 제가 무엇을 해야 영원한 생명을 받을 수 있습니까?" 예수님께서 그에게 말씀하셨다. "율법에 무엇이라고 쓰여 있느냐? 너는 어떻게 읽었느냐?" 그가 " '네 마음을 다하고 네 목숨을 다하고 네 힘을 다하고 네 정신을 다하여 주 너의 하느님을 사랑하고 네 이웃을 너 자신처럼 사랑해야 한다.' 하였습니다." 하고 대답하자, 예수님께서 그에게 이르셨다. "옳게 대답하였다. 그렇게 하여라. 그러면 네가 살 것이다."

그 율법 교사는 자기가 정당함을 드러내고 싶어서 예수님께, "그러면 누가 저의 이웃입니까?" 하고 물었다. 예수님께서 응답하셨다. "어떤 사람이 예루살렘에서 예리코로 내려가다가 강도들을 만났다. 강도들은 그의 옷을 벗기고 그를 때려 초주검으로 만들어 놓고 가 버렸다. 마침 어떤 사제가 그 길로 내려가다가 그를 보고서는, 길 반대쪽으로 지나가 버렸다. 레위인도 마찬가지로 그곳에 이르러 그를 보고서는, 길 반대쪽으로 지나가 버렸다. 그런데 여행을 하던 어떤 사마리아인은 그가 있는 곳에 이르러 그를 보고서는, 가

였은 마음이 들었다. 그래서 그에게 다가가 상처에 기름과 포도주를 붓고 싸맨 다음, 자기 노새에 태워 여관으로 데리고 가서 돌보아 주었다. 이튿날 그는 두 데나리온을 꺼내 여관 주인에게 주면서, '저 사람을 돌보아 주십시오. 비용이 더 들면 제가 돌아올 때에 갚아 드리겠습니다.' 하고 말하였다. 너는 이 세 사람 가운데에서 누가 강도를 만난 사람에게 이웃이 되어 주었다고 생각하느냐?" 율법 교사가 "그에게 자비를 베푼 사람입니다." 하고 대답하자, 예수님께서 그에게 이르셨다. "가서 너도 그렇게 하여라."(루카 10:25–37)

◆ **내담자**: 율법사

◆ **상담 경위**

율법사가 예수님을 시험하기 위해 이렇게 물었다. "선생님 내가 무엇을 해야 영생을 얻을 수 있겠습니까?" 이에 대해 예수님께서는 "율법에 무엇이라 기록되었으며 네가 어떻게 읽느냐?"라고 되물으셨다. 엄격한 정통 유대인들은 양 손목에 필락테리스라는 작은 가죽 주머니를 차고 다녔는데, 거기에는 성서의 구절이 들어 있었기에 그것을 살펴보라고 하신 것이다. 율법사는 곧 "네 마음을 다하며 목숨을 다하며 뜻을 다하여 주 너의 하나님을 사랑하고 또한 네 이웃을 네 몸과 같이 사랑하라."라고 율법에 적혀 있다고 대답했다. 예수님께서는 율법사에게 "네 대답이 옳다. 이를 행하라. 그러면 살리라."

라고 말씀하셨다. 율법사는 자기를 옳게 보이려고 예수님께 다시 물었다. "그러면 내 이웃이 누구입니까?" 그러나 율법사에게 이웃이란 동료 유대인으로 국한되어 있었다.

◆ 내담자의 특성 및 행동 특성

자신은 율법을 지키는 선한 자라는 인식을 가지고 자신이 옳음을 증명받고 싶어 하며 남을 시험하기를 좋아하는 사람이다.

◆ 문제의 탐색

율법사는 예수님께 두 가지 질문을 했다. 첫째는 "내가 무엇을 해야 영생을 얻겠느냐."라는 질문이었고, 둘째는 "내 이웃이 누구입니까?" 라는 질문이었다. 예수님은 첫 번째 질문에 대해 율법으로 맞대응하셨다. 항상 율법의 잣대로 남을 시험하는 율법사에게 그 자신의 방법대로 대답하신 것이었다. 두 번째 질문에는 다른 예를 들어 답하셨다. 같은 민족인 유대인만이 이웃이라고 주장하는 율법사의 편협한 사고를 깨기 위해서였다.

◆ 상담의 목표 설정

- 정서적 결과 목표: 심판자의 자리에서 남을 심판하려는 교만에서 벗어난다.
- 행동적 결과 목표: 이웃에 대한 좁은 정의에서 벗어나 넓은 시각을 갖고 이웃을 사랑한다.

◆ **Ellis의 구조화 모델 단계에 따른 사례의 실제**

- 구체적 사건 상황 및 환경의 탐색: 율법사는 예수님을 시험하기 위해 두 가지 질문을 하셨다. 그는 율법을 내세워 자기가 옳다는 것을 증명하려 했다. 그 자신이 당시 '지혜자'라 자부하던 율법사 중의 하나였기에 자신의 지혜를 예수님 앞에 자랑하고 싶었던 것이다. 그가 예수님께 질문했던 이웃의 개념은 그 당시 유대인에게만 적용되었던 것이다. 유대인들은 이웃에 대해 편협한 정의를 내리고 있었다. 예를 들어, 유대인 중에 어떤 사람들은 이방 여인이 도와줄 사람 하나 없이 극심한 출산의 고통을 겪고 있어도 그를 도와주어서는 안된다고 여겼다. 그들에게 이방 여인의 출산을 돕는 일은 불법이었다. 그것은 다만 또 다른 이방인을 하나 더 세상에 출생시키는 일에 지나지 않기 때문이라는 무자비한 이유에서였다.
- 생각 · 신념 · 세상을 이해하는 방식의 탐색: 율법사는 '나는 율법을 잘 이행하므로 이웃을 사랑하는 사람이다.'라는 자기의식을 가진 사람이었다. 그는 늘 율법을 잘 지키느냐 잘 지키지 않느냐의 이분법적 사고로 타인을 판단했다. 자신이 갖고 있는 신념에 대해 정의를 내리고자 부심했으나 이면에 있는 자신의 비합리적인 사고는 깨닫지 못하고 있었다.
- 문제 해결: 이웃이 누구냐는 율법사의 질문에 대해 예수님께서는 강도를 만난 자의 예를 들어 논박하셨다. 어떤 사람이 예루살렘에서 여리고로 내려가다가 강도를 만났다. 위험스럽기로 악명 높은 여리고로 내려가는 길을 혼자서 지나가는 것은 무모

한 일이었다. 사실 이 사람은 자신이 당한 어려움에 대해 자책할 수밖에 없는 상황이었다. 그러나 강도를 만난 그에게는 도움의 손길이 절실했다. 그의 곁을 제사장이 급히 지나쳤다. 그는 죽은 사람을 만나게 되면 7일 동안 불결하여 의식을 행할 수 없게 된다는 생각을 하였던 것이다. 제사장은 사람에 대한 사랑보다 의식을 우선하는 사람이었다. 그에게는 성전과 예배 의식이 인간의 고통보다도 더 중요했던 것이다. 다음으로 스쳐간 사람은 레위인이었다. 그는 자신의 안전을 무엇보다 중시하는 사람으로서 자신의 위험을 무릅쓰면서까지 남을 도울 생각이 없었다. 세 번째로 지나친 사람은 사마리아인이었다. 이방인들과 결혼한 혼혈족인 사마리아인들을 유대인들은 평소 개처럼 취급하여 그들과는 어떤 거래도 하지 않았다. 그러나 강도 만난 사람을 도와준 사람은 바로 그 사마리아인뿐이었다. 이 비유를 통해 예수님은 정통파 율법사가 멸시하고 있는 사마리아인이야말로 강도 만난 자에게는 진실한 이웃이었다는 것을 말씀하심으로써 율법사의 편협한 사고를 깨우쳐 주려 하셨다. 자신의 무모한 행위로 인해 불행을 자초한 사람일지라도, 또는 어떤 민족이나 어떤 사람이라도 도움이 필요한 모든 사람이 우리 이웃이라는 뜻이었다.

• 과제를 통한 문제 해결 상태의 유지 및 영구적 문제 해결: 예수님은 이야기를 마치시고 율법사에게 물으셨다. “이 세 사람 중에 누가 강도 만난 자의 이웃이 되겠느냐?” 율법사가 대답했다 “자비를 베푼 자니이다.” 이 대답을 하며 율법사는 자비가 없는

율법은 무의미함을 깨닫게 되었을 것이다. 또한 자신은 과연 이웃에 사랑을 베풀었는가 생각하며 정서적 상담 목표를 이루게 되었을 것이다. 예수님께서 그에게 하신 "가서 너도 이와 같이 하라."라는 말씀이 그에게는 새로운 삶의 과제가 되었을 것이다.

16. 율법과 전통에 관한 상담

누가 11:37-44

개신교 예수께서 말씀하실 때에 한 바리새인이 자기와 함께 점심 잡수시기를 청함으로 들어가 앉으셨더니 잡수시기 전에 손 씻지 아니하심을 그 바리새인이 보고 이상히 여기는지라. 주께서 이르시되 너희 바리새인들은 지금 잔과 대접의 겉은 깨끗이 하나 너희 속에는 탐욕과 악독이 가득하도다. 어리석은 자들아, 겉을 깨끗이 만드신 이가 속도 만들지 아니하셨느냐. 그러나 그 안에 있는 것으로 구제하라. 그리하면 모든 것이 깨끗하리라. 화 있을진저 너희 바리새인이여, 너희가 박하와 운향과 모든 채소의 십일조는 드리되 공의와 하나님께 대한 사랑은 버리는도다. 그러나 이것도 행하고 저것도 버리지 말아야 할지니라. 화 있을진저 너희 바리새인이여 너희가 회당의 높은 자리와 사장에서 문안받는 것을 기뻐하는도다. 화 있을진저 너희여, 너희는 평토장한 무덤 같아서 그 위를 밟는 사람이 알지 못하느니라.(눅 11:37-44)

천주교 예수님께서 다 말씀하시자, 어떤 바리사이가 자기 집에서 식사하자고 그분을 초대하였다. 그리하여 예수님께서 그 집에 들어가시어 자리에 앉으셨다. 그런데 그 바리사이는 예수님께서 식사 전에 먼저 손을 씻지 않으시는 것을 보고 놀랐다. 그러자 주님께서 그에게 이르셨다. "정녕 너희 바리사이들은 잔과 접시의 겉은 깨끗이 하지만, 너희의 속은 탐욕과 사악으로 가득한다. 어리석은 자들아, 겉을 만드신 분께서 속도 만들지 않으셨느냐? 속에 담긴 것으로 자선을 베풀어라. 그러면 모든 것이 깨끗해질 것이다.

불행하여라, 너희 바리사이들아! 너희가 박하와 운향과 모든 채소는 십일조를 내면서, 의로움과 하느님 사랑은 아랑곳하지 않기 때문이다. 그러한 십일조도 소홀히 해서는 안 되지만, 바로 이러한 것들을 실천해야 한다. 불행하여라, 너희 바리사이들아! 너희가 회당에서는 윗자리를 좋아하고 장터에서는 인사받기를 좋아하기 때문이다. 너희는 불행하여라! 너희가 드러나지 않는 무덤과 같기 때문이다. 사람들이 그 위를 밟고 다니면서도 무덤인 줄을 알지 못한다."(루카 11:37-44)

◆ **내담자**: 바리새인

◆ **상담 경위**

한 바리새인이 예수님을 점심식사에 초대했다. 그 바리새인은 예수님께서 식사하시기 전에 손을 씻지 않는 것을 보고 이상히 여겼다. 당시 식사하기 전에 손을 씻는다는 것은 정결의 문제가 아니라 의식상의 문제였다. 율법에는 사람이 식사하기 전에 일정한 방법에 따라 손을 씻어야 하며, 각 식사과정 사이사이마다 손을 씻어야 한다는 규정이 있었다. 바리새인들은 이처럼 지극히 사소한 세칙까지 모두 정해 놓았다. 그들은 손을 씻기 위해 집 안에 큰 돌로 만든 물 항아리를 마련해 놓았는데 예수님께서 손 씻는 규례를 어기신 것이다.

◆ 내담자의 인상 및 행동 특성

규율과 세칙에 매여 이를 어긴 사람에게 달갑지 않은 시선을 보낸다.

◆ 문제의 탐색

바리새인들이 만들어 놓은 많은 규칙 가운데 식사 전에 손을 씻어야 하는 규칙은 여러 가지 세칙으로 나누어져 있었다. 먼저 손을 씻는 데 사용하는 물의 양은 적어도 한 로그의 사분의 일은 되어야 했다. 그것은 계란껍질 한 개 반을 채우기에 넉넉한 정도의 물이었다. 세칙에 따르면 손을 씻을 때는 물을 손가락 끝에서부터 부어야 하며, 손목 바로 위로 흘러내리게 붓는 것이 원칙이었다. 그다음 각 손바닥을 다른 손 주먹으로 문질러 정결케 해야 했다. 마지막으로 물을 손에 다시 붓되, 이번에는 손목에서 시작하여 손가락 끝으로 흘러내리게 부어야 했다. 바리새인들에게는 이처럼 지극히 사소한 세칙을 어기는 것조차 죄가 되었다. 그러므로 바리새인은 손을 씻지 않은 예수님에 대해 비판을 하게 된 것이다.

◆상담의 목표 설정

- 정서적 결과 목표: 자기 내면의 부정과 위선을 자각하고 타인에 대한 비난을 버린다.
- 행동적 결과 목표: 규율에 얽매인 판단과 위선을 버리고 내면을 정결케 하는 일에 관심을 가질 수 있다.

◆Ellis의 구조화 모델 단계에 따른 사례의 실제

- 구체적 사건 상황 및 환경의 탐색: 바리새인들은 외식을 중시해 규례에서 나온 세칙까지도 철저히 지켰다. 또 이를 지키지 않는 사람을 죄인으로 규정하곤 했다. 그들 자신이 만들어 놓은 세칙을 지키느냐 지키지 않느냐에 따라 선인과 악인을 구별하는 강한 편견에 사로잡혀 있었던 것이다. 그들은 인간의 내면적인 요소보다 형식적인 법칙을 모든 판단 근거로 두었다. 식사하기 전에 손을 씻지 않으신 예수님은 바리새인들에게는 이상한 사람이나 문제가 있는 사람으로 보일 수밖에 없었다.
- 생각 · 신념 · 세상을 이해하는 방식의 탐색: 바리새인들은 외면적인 것들에 집착하고 있었다. 종교의 외면적인 형식만 갖추어져 있으면 그것으로 족하다고 생각했다. 그들은 자애심뿐 아니라 공의심까지 결여되어 있었다. 그저 정해진 시간에 정해진 행위를 하기만 하면 하나님 보시기에 선하다는 것이 그들의 신념이었다. 이들이 사람의 선악을 판단하는 방식 역시 종교 행위에 충실한 자와 충실치 못한 자로 나누고 전자를 선한 사람으로 후자를 악인으로 보는 철저한 이분법적 사고에 근거하고 있었다.

• 문제 해결: 예수님은 바리새인에게 직언으로 논박하셨다. "너희 바리새인들은 지금 잔과 대접의 겉은 깨끗이 하나 너희 속인즉 탐욕과 악독이 가득하도다. 어리석은 자들아, 밖을 만드신 이가 속도 만들지 아니하셨느냐. 오직 그 안에 있는 것으로 구제하라. 그리하면 모든 것이 너희에게 깨끗하리라." 이 말씀은 바리새인들의 시선을 외적인 것에서 내적인 것으로 옮기라는 뜻이었다. 바리새인들은 외면적인 것들에 과도하게 집착하고 사소한 세칙에 얽매어 있었다. 그들은 손 씻는 일과 같은 사소한 일에 지극히 엄격했으면서도 자신의 마음을 정결케 하는 일에는 별 관심이 없었다. 예수님은 이것을 지적하신 것이다. 사랑과 친절, 정의와 관용, 남을 구제하는 일 같은 것에 비하면 손을 씻는 일은 하찮고 단순한 세목에 지나지 않았다. 그들은 자신의 탐욕과 악독한 마음에 대해 성찰하거나 애통해하지는 않고 외식에 치우쳐 살고 있었다. 예수님은 바리새인들이 스스로를 돌아볼 수 있도록 논박하셨던 것이다.
• 과제를 통한 문제 해결 상태의 유지 및 영구적 문제 해결: 바리새인들은 예수님의 직언을 듣고 자신의 외식적인 행위에 타당성이 결여되어 있음을 자각했을 것이다. 아울러 자기 내면에 대한 성찰을 하는 계기가 되었을 것이다. 자신의 내면에 있는 부정과 탐욕이 드러나고 외식의 가면이 벗겨질 때 사람은 자신이 죄인임을 고백할 수 있다. 이처럼 자신이 죄인임을 자백하는 사람은 자신이 의인임을 주장하는 사람보다 하나님과 가까울 수 있다.

17. 유산 상속 문제 상담

누가 12:13-21

개신교 무리 중에 한 사람이 이르되 선생님 내 형을 명하여 유산을 나와 나누게 하소서 하니 이르시되 이 사람아 누가 나를 너희의 재판장이나 물건 나누는 자로 세웠느냐 하시고 그들에게 이르시되 삼가 모든 탐심을 물리치라 사람의 생명이 그 소유의 넉넉한 데 있지 아니하니라 하시고 또 비유로 그들에게 말하여 이르시되 한 부자가 그 밭에 소출이 풍성하매 심중에 생각하여 이르되 내가 곡식 쌓아 둘 곳이 없으니 어찌할까 하고 또 이르되 내가 이렇게 하리라 내 곳간을 헐고 더 크게 짓고 내 모든 곡식과 물건을 거기 쌓아 두리라. 또 내가 내 영혼에게 이르되 영혼아 여러 해 쓸 물건을 많이 쌓아 두었으니 평안히 쉬고 먹고 마시고 즐거워하자 하리라 하되 하나님이 이르시되 어리석은 자여 오늘밤에 네 영혼을 도로 찾으리니 그러면 네 준비한 것이 누구의 것이 되겠느냐 하셨으니 자기를 위하여 재물을 쌓아 두고 하나님께 대하여 부요하지 못한 자가 이와 같으니라.(눅 12:13-21)

천주교 군중 가운데에서 어떤 사람이 예수님께, "스승님, 제 형더러 저에게 유산을 나누어 주라고 일러 주십시오." 하고 말하였다. 그러자 예수님께서 그에게 말씀하셨다. "사람아, 누가 나를 너희의 재판관이나 중재인으로 세웠단 말이냐?" 그리고 사람들에게 이르셨다. "너희는 주의하여라. 모든 탐욕을 경계하여라. 아무리 부유하더라도 사람의 생명은 그의 재산에 달려 있지 않다."

예수님께서 그들에게 비유를 들어 말씀하셨다. "어떤 부유한 사람이 땅에서 많은 소출을 거두었다. 그래서 그는 속으로 '내가 수확한 것을 모아 둘 데가 없으니 어떻게 하나?' 하고 생각하였다. 그러다가 말하였다. '이렇게 해야지. 곳간들을 헐어 내고 더 큰 것들을 지어, 거기에다 내 모든 곡식과 재물을 모아 두어야겠다. 그리고 나 자신에게 말해야지. '자, 네가 여러 해 동안 쓸 많은 재산을 쌓아 두었으니, 쉬면서 먹고 마시며 즐겨라.' 그러나 하느님께서 그에게 말씀하셨다. '어리석은 자야, 오늘 밤에 네 목숨을 되찾아 갈 것이다. 그러면 네가 마련해 둔 것은 누구 차지가 되겠느냐?' 자신을 위해서는 재화를 모으면서 하느님 앞에서는 부유하지 못한 사람이 바로 이러하다." (루카 12:13-21)

◆ **내담자**: 유업을 나눌 자

◆ **상담 경위**

많은 사람이 자신의 문제를 해결하기 위해 예수님께로 왔다. 팔레스틴 사람들은 존경하는 랍비들에게 자기들이 스스로 해결할 수 없는 문제를 가지고 와서 해결책을 구했으므로 이것은 이례적인 일이 아니었다. 무리 중 한 사람이 예수님께 "선생님 내 형을 명하여 유업을 나누게 해 주십시오."라고 말했다. 이에 대해 예수님은 "이 사람아, 누가 나를 너희의 재판장이나 물건 나누는 자로 세웠느냐." 하시며 금전에 대한 어떤 논쟁에도 끼어들기를 단호히 거절하셨다.

◆내담자의 인상 및 행동 특성

물질적인 소유에 집착하여 형과 분쟁하는 사람으로 더 많은 유산을 차지하려고 안달이 나 있었다.

◆문제의 탐색

내담자는 상속 문제로 형과 분쟁을 하고 있었다. 이 사람은 탐욕과 욕망에 사로잡혀 유업을 나누어 주지 않는 형에 대해 분노를 느끼고 있었다. 그래서 자신을 부정하는 대신에 강력하게 자신을 내세웠고 남에게 나누어 줌으로써 자신의 행복을 찾고자 하는 대신에 더 많은 것을 소유함으로써 행복을 손에 쥐려고 했다. 이 과정에서 그는 형과의 싸움도 서슴치 않았다.

◆상담의 결과 목표

- 정서적 결과 목표: 행복은 소유에 있지 않다는 것을 깨닫고 탐욕을 버리고 자유를 되찾는다.
- 행동적 결과 목표: 형과 화해하고 남에게 나누어 주는 삶을 산다.

◆Ellis의 구조화 모델 단계에 따른 사례의 실제

- 구체적 사건, 상황 및 환경의 탐색: 유업을 나누는 일로 형과 논쟁하고 있는 사람이 예수님을 찾아와 형에게 유업을 동생인 자신과 나누도록 명해 주시기를 요청했다. 그러나 예수님께서는 단호히 거절하셨다. 예수님은 대신 인생에서 소유물이 차지하는 가치와 물리적인 것에 대한 올바른 태도를 비유로 말씀하셨다.
- 생각 · 신념 · 세상을 이해하는 방식의 탐색: 내담자는 물질을 많이 가지고 있을수록 행복해질 것이라는 생각을 가지고 있었다. 그는 어떻게든 많은 것을 가지려 했다. 더 많은 유산을 물려받기 위해서라면 형과의 논쟁도 불사했다. 이처럼 극단적으로 경제적 지위를 추구하는 비합리적 신념을 갖고 있었기 때문에 성공의 기준 또한 가진 것이 얼마나 많으냐에 달려 있다고 믿었다.
- 문제 해결: 예수님께서는 내담자에게 "삼가 모든 탐심을 물리치라. 사람의 생명이 그 소유의 넉넉함에 있지 아니하다."라고 말씀하시며 새로운 가치관을 제시하셨다. 그리고 '어리석은 부자'의 비유로 논박하셨다. 예화 속에 나오는 부자는 오직 자기의 소유에만 관심을 쏟았다. 곳간이 가득 차면 자신의 행복도 가득 찰 것이라고 생각했다. 예수님께서는 이 비유를 통해 내담자에게 어리석은 부자처럼 언제나 더 많은 것을 갖는 데만 집중하는 것은 무의미한 일임을 알려 주셨다. 또 사람이 이 세상 삶에 바탕을 두고 있어도 결국은 죽게 되며 죽은 후에는 그 모든 소유가 다 쓸데없어진다는 것을 알려 주셨다. 우리는 모두 영원

원히 살 수 없다. 따라서 인생의 모든 계획을 그에 맞추어 설계하고 창고에 곡식을 쌓아 두는 일에 집중하기보다 다른 영혼을 위해 곡식을 나눌 때 더욱 복되고 성공적인 삶을 살 수 있다. 예수님은 이 사실을 내담자가 깨닫기를 원하셨다.

- 과제를 통한 문제 해결 상태의 유지 및 영구적 문제 해결: 더 많은 유산을 차지하기 위해 형제애까지 저버리려 한 내담자에게 예수님은 '어리석은 부자'의 예를 들어 논박하셨다. 그는 예수님과의 만남 이후 자신이 인생에서 가장 가치 있는 것이라 믿었던 물질의 축적이 삶과 죽음 앞에서 얼마나 보잘것없는 것이 되는지 깨달았을 것이다. 그리고 탐심에서 오는 욕망과 분노에서 해방되어 인간의 실존 문제에 대한 성찰에 집중하게 되었을 것이다.

18. 인간의 회개 문제

누가 15:1-32

개신교 모든 세리와 죄인들이 말씀을 들으러 가까이 나아오니 바리새인들과 서기관들이 수군거려 이르되 이 사람이 죄인을 영접하고 음식을 같이 먹는다 하더라. 예수께서 그들에게 이 비유로 이르시되 너희 중에 어떤 사람이 양 백 마리가 있는데 그중에 한 마리를 잃으면 아흔아홉 마리를 들에 두고 그 잃은 것을 찾아내기까지 찾아다니지 아니하겠느냐. 또 찾아낸 즉 즐거워 어깨에 메고 집에 와서 그 벗과 이웃을 불러 모으고 말하되 나와 함께 즐기자 나의 잃은 양을 찾아내었노라 하리라. 내가 너희에게 이르노니 이와 같이 죄인 한 사람이 회개하면 하늘에서는 회개할 것 없는 의인 아흔아홉으로 말미암아 기뻐하는 것보다 더하리라. 어떤 여자가 열 드라크마가 있는데 하나를 잃으면 등불을 켜고 집을 쓸며 찾아내기까지 부지런히 찾지 아니하겠느냐. 또 찾아낸 즉 벗과 이웃을 불러 모으고 말하되 나와 함께 즐기자 잃은 드라크마를 찾아내었노라 하리라. 내가 너희에게 이르노니 이와 같이 죄인 한 사람이 회개하면 하나님의 사자들 앞에서 기쁨이 되느니라. 또 이르시되 어떤 사람에게 두 아들이 있는데 그 둘째가 아버지에게 말하되 아버지여 재산 중에서 내게 돌아올 분깃을 내게 주소서 하는지라. 아버지가 그 살림을 각각 나누어 주었더니 그 후 며칠이 안 되어 둘째 아들이 재물을 다 모아 가지고 먼 나라에 가 거기서 허랑방탕하여 그 재산을 낭비하더니 다 없앤 후 그 나라에 크게 흉년이 들어 그가 비로소 궁핍한지라. 가서 그 나라 백성 중 한 사람에게 붙어사니 그가 그를 들로 보내어 돼지를 치게 하였는데 그가 돼지 먹는 쥐엄 열매로 배를 채우고자 하되 주는 자가 없는지라. 이에 스스로 돌이켜 이르되 내 아버지에게는 양식이 풍족한 품꾼이 얼마나 많은가 나는 여기서 주려 죽는구나. 내가 일어나 아버지께 가서 이르기를 아버지 내가 하늘과 아버지께 죄를 지었사오니 지금부터는 아버지의 아들이라 일컬음을 감당치 못하겠나이다. 나를 품꾼의 하나로 보소서 하리라 하고 이에 일어나서 아버지께로 돌아가니라. 아직도 거리가 먼데 아버지가 그를 보고 측은히 여겨 달려가 목을 안고 입을 맞추니 아들이 이르되 아버지여 내가 하늘과 아버지께 죄를 지었사오니 지금부터는 아버지의 아들이라 일컬음을 감당하지 못하겠나이다. 하나 아버지는 종들에게 이르되 제일 좋은 옷을 내어다가 입히고 손에 가락지를 끼우고 발에 신을 신기라. 그리고 살찐 송아지를 가져다 잡으라. 우리가 먹고 즐기자. 이 내 아들은 죽었다가 다시 살아났으며 내가 잃었다가 다시 얻었노라 하니 그들이 즐거워하더라. 맏아들이 밭에 있다가 돌아와 집에 가까이 왔을 때에 풍악과 춤추는 소리를 듣고 한 종을 불러 이 무슨 일인가 물은데 대답하되 당신의 동생이 돌아왔으매 당신의 아버지가 건강한 그를 다시 맞아들이게 됨으로 인하여 살찐 송아지를 잡았나이다. 하니 그가 노하여 들어가고자 하지 아니하거늘 아버지가 나와서 권한대 아버지께 대답하여 이르되 내가 여러 해 아버지를 섬겨 명을 어김이 없거늘 내게는 염소 새끼라도 주어 나와 내 벗으로 즐겁게 하신 일이 없더니 아버지의 살림을 창녀와 함께 삼켜 버린 이 아들이 돌아오매 이를 위하여 살찐 송아지를 잡으셨나이다. 아버지가 이르되 얘 너는 항상 나와 함께 있으니 내 것이 다 네 것이로되 이 네 동생은 죽었다가 다시 살아났으며 내가 잃었다가 얻었기로 우리가 즐거워하고 기뻐하는 것이 마땅하다 하니라.(눅 15:1–32)

천주교 세리들과 죄인들이 모두 예수님의 말씀을 들으려고 가까이 모여 들고 있었다. 그러자 바리사이들과 율법학자들이, "저 사람은 죄인들을 받아들이고 또 그들과 함께 음식을 먹는군." 하고 투덜거렸다.

예수님께서 그들에게 이 비유를 말씀하셨다. "너희 가운데 어떤 사람이 양 백 마리를 가지고 있었는데 그 가운데에서 한 마리를 잃으면, 아흔아홉 마리를 광야에 놓아둔 채 잃은 양을 찾을 때까지 뒤쫓아 가지 않느냐? 그러다가 양을 찾으면 기뻐하며 어깨에 메고 집으로 가서 친구들과 이웃들을 불러, '나와 함께 기뻐해 주십시오. 잃었던 내 양을 찾았습니다.' 하고 말한다. 내가 너희에게 말한다. 이와 같이 하늘에서는, 회개할 필요가 없는 의인 아흔아홉보다 회개하는 죄인 한 사람 때문에 더 기뻐할 것이다."

"또 어떤 부인이 은전 열 닢을 가지고 있었는데 한 닢을 잃으면, 등불을 켜고 집 안을 쓸며 그것을 찾을 때까지 샅샅이 뒤지지 않느냐? 그러다가 그것을 찾으면 친구들과 이웃들을 불러, '나와 함께 기뻐해 주십시오. 잃었던 은전을 찾았습니다.' 하고 말한다. 내가 너희에게 말한다. 이와 같이 회개하는 죄인 한 사람 때문에 하느님의 천사들이 기뻐한다."

예수님께서 또 말씀하셨다. "어떤 사람에게 아들이 둘 있었다. 그런데 작은아들이, '아버지, 재산 가운데에서 저에게 돌아올 몫을 주십시오.' 하고 아버지에게 말하였다. 그래서 아버지는 아들들에게 가산을 나누어 주었다. 며칠 뒤에 작은아들은 자기 것을 모두 챙겨서 먼 고장으로 떠났다. 그러고는 그곳에서 방종한 생활을 하며 자기 재산을 허비하였다. 모든 것을 탕진하였을 즈음 그 고장에 심한 기근이 들어, 그가 곤궁에 허덕이기 시작하였다. 그래서 그 고장 주민을 찾아가서 매달렸다. 그 주민은 그를 자기 소유의 들로 보내어 돼지를 치게 하였다. 그는 돼지들이 먹는 열매 꼬투리로라도 배를 채우기를 간절히 바랐지만, 아무도 주지 않았다. 그제야 제정신이 든 그는 이렇게 말하였다. '내 아버지의 그 많은 품팔이꾼들은 먹을 것이 남아도는데, 나는 여기에서 굶어 죽는구나. 일어나 아버지께 가서 이렇게 말씀드려야지. 아버지, 제가 하늘과 아버지께 죄를 지었습니다. 저는 아버지의 아들이라고 불릴 자격이 없습니다. 저를 아버지의 품팔이꾼 가운데 하나로 삼아 주십시오.' 그리하여 그는 일어나 아버지에게로 갔다. 그가 아직도 멀리 떨어져 있을 때에 아버지가 그를 보고 가엾은 마음이 들었다. 그리고 달려가 아들의 목을 껴안고 입을 맞추었다. 아들이 아버지에게 말하였다. '아버지, 제가 하늘과 아버지께 죄를 지었습니다. 저는 아버지의 아들이라고 불릴 자격이 없습니다.' 그러나 아버지는 종들에게 일렀다. '어서 가장 좋은 옷을 가져다 입히고 손에 반지를 끼우고 발에 신발을 신겨 주어라. 그리고 살진 송아지를 끌어다가 잡아라. 먹고 즐기자. 나의 이 아들은 죽었다가 다시 살아났고 내가 잃었다가 도로 찾았다.' 그리하여 그들은 즐거운 잔치를 벌이기 시작하였다.

그때에 큰아들은 들에 나가 있었다. 그가 집에 가까이 이르러 노래하며 춤추는 소리를 들었다. 그래서 하인 하나를 불러 무슨 일이냐고 묻자, 하인이 그에게 말하였다. '아우님이 오셨습니다. 아우님이 몸성히 돌아오셨다고 하여 아버님이 살진 송아지를 잡으셨습니다.' 큰아들은 화가 나서 들어가려고도 하지 않았다. 그래서 아버지가 나와 그를 타이르자, 그가 아버지에게 대답하였다. '보십시오, 저는 여러 해 동안 종처럼 아버지를 섬기며 아버지의 명을 한 번도 어기지 않았습니다. 이러한 저에게 아버지는 친구들과 즐기라고 염소 한 마리 주신 적이 없습니다. 그런데 창녀들과 어울려 아버지의 가산을 들어먹은 저 아들이 오니까, 살진 송아지를 잡아 주시는군요.' 그러자 아버지가 그에게 일렀다. '얘야, 너는 늘 나와 함께 있고 내 것이 다 네 것이다. 너의 저 아우는 죽었다가 다시 살아왔고 내가 잃었다가 되찾았다. 그러니 즐기고 기뻐해야 한다.'" (루카 15:1-32)

◆ **내담자**: 바리새인과 서기관

◆ **상담 경위**

세리들과 죄인들이 예수님의 말씀을 들으려고 예수님께 가까이 왔다. 이를 본 바리새인들과 서기관들이 예수님을 정죄했다. 죄인들을 영접하고 식사를 같이 했다는 것이 그 이유였다. 예수님은 정통파인 바리새인과 서기관들이 죄인이라고 단정지은 무리들과 교제를 하고 있었다. 그것은 서기관들과 바리새인들에게는 하나의 도전이었다. 바리새인들은 율법을 지키지 않는 사람들은 '땅의 백성'이라고 불렀다. 바리새인과 땅의 백성들 사이에는 넘을 수 없는 장벽이 있었다. 바리새인들은 '땅의 백성'을 손님으로 맞지도 그들의 손님이 되지도 않았다. '땅의 백성'과는 가능한 어떤 사업상의 거래도 금지하고 있었다. 그런데 예수님께서는 바로 그 '땅의 백성'들과 떳떳하게 교제를 나누고 계셨다. 이에 바리새인들은 비난과 멸시를 나타냈다.

◆ **내담자의 인상 및 행동 특성**

율법에 매여 경직되어 있었고 대인관계가 편파적이었다.

◆ **문제의 탐색**

바리새인들은 사소한 율법의 세목들을 지키지 않는 사람들과 모든 접촉을 피했다. 그들은 예수님께서 죄인들로 간주된 사람들과 교제하는 것을 보고 마음속으로 큰 충격을 받았을 것이다. 그 같은 사람들과 접촉하는 것은 스스로를 더럽히는 일이라고 여겼기 때문이다. 엄격한 유대인들은 "죄인의 한 사람이라도 회개하면 하늘에는 기쁨이 있다."라고 말하는 것이 아니라 "죄인의 한 사람이라도 하나님 앞에서 말살되면 하늘에는 기쁨이 있다."라고 말하기도 했다. 바리새인들은 죄인이 구원받기보다는 멸망하기를 원했다. 이에 반하는 예수님의 행동은 그들에게 정죄의 대상이었다.

◆ **상담의 목표 설정**

- 정서적 결과 목표: 인간을 대하는 편협한 사고에서 벗어난다.
- 행동적 결과 목표: 인간에 대한 포용력을 갖고 이웃 사랑을 실천한다.

◆ **Ellis의 구조화 모델 단계에 따른 사례의 실제**

- 구체적 사건, 상황 및 환경의 탐색: 바리새인의 규례에 이런 규정이 있었다. "어떤 사람이 율법을 지키지 않는 땅의 사람이라면 그에게 돈을 맡겨서는 안 되고, 그의 증언을 받아들여서도

안 되며, 그와 비밀을 나누어서도 안 되며, 그를 고아들의 보호자로 세우지도 말고, 자선금의 관리자로 삼지 말며, 여행에서 그와 동반해서는 안 된다." 이러한 상황에서 예수님은 바리새인들이 사람 취급도 하지 않는 죄인들과 교제를 하고 있었던 것이다. 바리새인들에게 예수님의 행동은 절대 용납할 수 없는 것이었다. 그러나 사실 이것은 예수님의 문제가 아니었고 바리새인들의 문제였다. 사람을 대하는 그들의 편협성과 경직성, 그리고 사람을 멸시하는 태도야말로 비합리적 사고에서 파생된 죄악이었던 것이다.

- 생각 · 신념 · 세상을 이해하는 방식의 탐색: 그들은 스스로를 의인으로 착각했다. 그래서 세리, 병자, 천한 직업에 종사하는 자들과 어울려서는 안 된다는 신념을 갖고 있었다. 바리새인들은 '나는 의인이므로 죄인들과 사귈 수 없다. 악한 자들과 접촉하지 말라는 율법의 가르침을 따라야 의인이다.'라는 생각을 갖고 있었다. 그들에게 세상 사람들은 스스로 '하늘의 백성'이라고 생각하는 자신들과, 그들이 천시하고 멸시하는 '땅의 백성'으로 양분되어 있었다.
- 문제 해결: 예수님께서는 바리새인들의 편협한 생각과 행위를 비유로 논박하셨다. '잃은 양을 찾은 목자의 기쁨'에 대한 이야기였다. 목자는 어렵고도 위험스러운 일을 해야 했다. 목초지가 거의 없는 가파른 벼랑과 삭막한 황무지에서 양을 치는 일은 결코 쉽지 않았다. 게다가 목자는 양떼에 대해 책임을 져야 했다. 만일 한 마리의 양을 잃게 되면 목자는 적어도 그 양이 죽은 것

을 보이기 위해 양털을 집으로 가져와야 했다. 그래서 목자는 자기 양을 지키기 위해 목숨도 아끼지 않았다. 그 당시 목자들이 지키는 양떼들은 개인의 소유가 아니라 마을 전체의 공동 소유였다. 그러므로 한 목자가 잃어버린 양을 찾으려고 산에 있다는 소식을 듣게 되면 온 마을 사람들이 그쪽을 향해 서서 기다리곤 했다. 그러다가 멀리서 잃어버린 양을 어깨에 메고 돌아오는 목자를 보게 되면 온 마을은 기쁨과 감사의 환호성을 질렀다. 예수님은 목자와 양의 비유를 통해 바리새인들의 잘못된 가치관에 도전하셨다. 바리새인들은 세리와 죄인들을 도외시하고 오직 멸망할 수밖에 없는 존재로 단정해 버렸으나 하나님께서는 목자가 잃은 양을 찾아 집으로 돌아올 때 기뻐하는 것과 같이 잃어버린 죄인을 찾았을 때 기뻐하신다는 것이었다.

- 과제를 통한 문제 해결 상태의 유지 및 영구적 해결 문제: 바리새인들은 예수님의 논박을 통해 하나님의 사랑은 잃어버린 자를 찾아 구원하시는 사랑이라는 것을 깨닫고 편협한 종교관에서 벗어나 하나님 사랑과 인간 사랑의 실천적 삶을 살았을 것이다.

19. 엠마오의 두 제자와 상담

누가 24:13-35

개신교 그날에 그들 중 둘이 예루살렘에서 이십오 리 되는 엠마오라 하는 마을로 가면서 이 모든 된 일을 서로 이야기하더라. 그들이 서로 이야기하며 문의할 때에 예수께서 가까이 이르러 그들과 동행하시나 그들의 눈이 가리워져서 그인 줄 알아보지 못하거늘 예수께서 이르시되 너희가 길 가면서 서로 주고받고 하는 이야기가 무엇이냐 하시니 두 사람이 슬픈 빛을 띠고 머물러서더라. 그 한 사람인 글로바라 하는 자가 대답하여 이르되 당신이 예루살렘에 체류하면서도 요즘 거기서 된 일을 혼자만 알지 못하느냐 이르시되 무슨 일이냐 이르되 나사렛 예수의 일이니 그는 하나님과 모든 백성 앞에서 말과 일에 능하신 선지자이거늘 우리 대제사장들과 관리들이 사형 판결에 넘겨주어 십자가에 못 박았느니라. 우리는 이 사람이 이스라엘을 속량할 자라고 바랐노라. 이뿐 아니라 이 일이 일어난 지가 사흘째요 또한 우리 중에 어떤 여자들이 우리로 놀라게 하였으니 이는 그들이 새벽에 무덤에 갔다가 그의 시체는 보지 못하고 와서 그가 살아나셨다 하는 천사들의 나타남을 보았다 함이라. 또 우리와 함께 한 자 중에 두어 사람이 무덤에 가 과연 여자들이 말한 바와 같음을 보았으나 예수는 보지 못하였느니라 하거늘 이르시되 미련하고 선지자들이 말한 모든 것을 마음에 더디 믿는 자들이여 그리스도가 이런 고난을 받고 자기의 영광에 들어가야 할 것이 아니냐 하시고 이에 모세와 모든 선지자의 글로 시작하여 모든 성경에 쓴 바 자기에 관한 것을 자세히 설명하시니라. 그들이 가는 마을에 가까이 가매 예수는 더 가려 하는 것 같이 하시니 그들이 강권하여 이르되 우리와 함께 유하사이다. 때가 저물어 가고 날이 이미 기울었나이다 하니 이에 그들과 함께 유하러 들어가시니라. 그들과 함께 음식 잡수실 때에 떡을 가지사 축사하시고 떼어 그들에게 주시니 그들의 눈이 밝아져 그인 줄 알아보더니 예수는 그들에게 보이지 아니하시는지라. 그들이 서로 말하되 길에서 우리에게 말씀하시고 우리에게 성경을 풀어 주실 때에 우리 속에서 마음이 뜨겁지 아니하더냐 하고 곧 그때로 일어나 예루살렘에 돌아가 보니 열한 제자 및 그들과 함께한 자들이 모여 있어 말하기를 주께서 과연 살아나시고 시몬에게 보이셨다 하는지라. 두 사람도 길에서 된 일과 예수께서 떡을 떼심으로 자기들에게 알려지신 것을 말하더라.(눅 24:13-35)

천주교 바로 그날 제자들 가운데 두 사람이 예루살렘에서 예순 스타디온 떨어진 엠마오라는 마을로 가고 있었다. 그들은 그동안 일어난 모든 일에 관하여 서로 이야기하였다. 그렇게 이야기하고 토론하는데, 바로 예수님께서 가까이 가시어 그들과 함께 걸으셨다. 그들은 눈이 가리어 그분을 알아보지 못하였다. 예수님께서 그들에게 "걸어가면서 무슨 말을 서로 주고받느냐?" 하고 물으시자, 그들은 침통한 표정을 한 채 멈추어 섰다. 그들 가운데 한 사람, 클레오파스라는 이가 예수님께서, "예루살렘에 머물렀으면서 이 며칠 동안 그곳에서 일어난 일을 혼자만 모른다는 말입니까?" 하고 말하였다. 예수님께서 "무슨 일이냐?" 하시자 그들이 그분께 말하였다. "나자렛 사람 예수님에 관한 일입니다. 그분은 하느님과 온 백성 앞에서, 행동과 말씀에 힘이 있는 예언자이셨습니다. 그런데 우리의 수석 사제들과 지도자들이 그분을 넘겨, 사형 선고를 받아 십자가에 못 박히시게 하였습니다. 우리는 그분이야말로 이스라엘을 해방시키실 분이라고 기대하였습니다. 그 일이 일어난 지도 벌써 사흘째가 됩니다. 그런데 우리 가운데 몇몇 여자가 우리를 깜짝 놀라게 하였습니다. 그들이 새벽에 무덤으로 갔다가, 그분의 시신을 찾지 못하고 돌아와서 하는 말이, 천사들의 발현까지 보았는데 그분께서 살아 계시다고 천사들이 일러 주더랍니다. 그래서 우리 동료 몇 사람이 무덤에 가서 보니 그 여자들이 말한 그대로였고, 그분은 보지 못하였습니다."

그때에 예수님께서 그들에게 이르셨다. "아, 어리석은 자들아! 예언자들이 말한 모든 것을 믿는 데에 마음이 어찌 이리 굼뜨냐? 그리스도는 그러한 고난을 겪고서 자기의 영광 속에 들어가야 하는 것이 아니냐?" 그리고 이어서 모세와 모든 예언자로부터 시작하여 성경 전체에 걸쳐 당신에 관한 기록들을 그들에게 설명해 주셨다.

그들이 찾아가던 마을에 가까이 이르렀을 때, 예수님께서는 더 멀리 가려고 하시는 듯하였다. 그러자 그들은 "저희와 함께 묵으십시오. 저녁때가 되어 가고 날도 이미 저물었습니다." 하며 그분을 붙들었다. 그래서 예수님께서는 그들과 함께 묵으시려고 그 집에 들어가셨다. 그들과 함께 식탁에 앉으셨을 때, 예수님께서는 빵을 들고 찬미를 드리신 다음 그것을 떼어 그들에게 나누어 주셨다. 그러자 그들의 눈이 열려 예수님을 알아보았다. 그러나 그분께서는 그들에게서 사라지셨다. 그들은 서로 말하였다. "길에서 우리에게 말씀하실 때나 성경을 풀이해 주실 때 속에서 우리 마음이 타오르지 않았던가!"

그들이 곧바로 일어나 예루살렘으로 돌아가 보니 열한 제자와 동료들이 모여, "정녕 주님께서 되살아나시어 시몬에게 나타나셨다." 하고 말하고 있었다. 그들도 길에서 겪은 일과 빵을 떼실 때에 그분을 알아보게 된 일을 이야기해 주었다.(루카 24:13-35)

◆ **내담자**: 엠마오로 가는 두 제자

◆ 상담 경위

엠마오로 가는 길을 두 사람이 슬픔과 실의에 빠져 걷고 있었다. 그들은 예수님을 이스라엘을 구원하실 분으로 알고 따랐지만 예수님께서 십자가에 못 박혀 죽으시자 그만 절망에 빠져 버리고 말았다. 이들 두 사람에게는 만사가 무의미했다. 그들의 꿈과 소망이 산산이 부서지고 말았기 때문이었다. "우리는 예수님이 이스라엘을 구속할 자라고 바랐노라."라는 말에는 두 사람의 슬픔과 실의가 담겨 있었다. 이때 예수님께서 오셔서 그들과 대화를 나누셨다.

◆ 내담자의 인상 및 행동 특성

삶의 목표로 정하고 열정적으로 따랐던 존재가 사라져 버리자 좌절하여 회의를 품고 방황한다.

◆ 문제의 탐색

예수님을 삶의 의미로 여기고 따랐던 두 사람은 예수님이 십자가에 못 박혀 돌아가시자 그들의 삶의 터전이었던 예루살렘을 떠나 엠마오라는 시골로 낙향하고 있었다. 그들의 얼굴은 슬픔에 가득 찼고 어찌할 바를 모르는 고민과 좌절과 실의에 빠져 있었다. 이제 붙잡아야 할 삶의 목표도 열정도 없이 무의미한 일상으로 돌아가야만 했다. 그러나 그들은 눈 앞의 현실을 인정하고 싶지 않아 예루살렘에서 있었던 예수님의 기적과 고난, 그리고 십자가에 못 박히심에 대해 서로 이야기를 나누며 길을 걷고 있었다. 이때 부활하신 예수님께서 이들과 동행하시게 되었다. 그들은 눈이 가리워져서 그분이 예수님 이신 줄 알아보지 못했다. 예수님께서는 그들의 대화에 자연스럽게 끼어드셨고 대화로 논박하기 시작하였다.

◆상담의 목표 설정

- 정서적 결과 목표: 상실로 인한 좌절과 낙망에서 벗어나 기쁨과 소망을 되찾는다.
- 행동적 결과 목표: 삶의 의미와 목표를 새롭게 하여 열정과 희망의 삶을 추구한다.

◆Ellis의 구조화 모델 단계에 따른 사례의 실제

- 구체적 사건 상황 및 환경의 탐색: 메시아로 여기고 추종하던 예수님께서 십자가에 못 박혀 죽으시자 두 사람은 큰 충격을 받았다. 이들은 낙망하여 다시 예수님을 만나기 이전의 삶으로 돌아가고 있었다. 이때 예수님이 나타나셔서 그들에게 무슨 이야기를 했는지 물으셨다. "너희가 길 가면서 서로 주고받고 하는 이야기가 무엇이냐?" 그 질문에 그들은 얼굴에 슬픈 빛을 띠고 그 자리에 서서 예수님에 대한 일을 이야기하기 시작했다. 그분은 선지자였고, 대제사장들과 관원들에 의해 십자가에 못 박히셨으며, 자신들은 그분을 이스라엘을 해방시킬 메시아라 믿었다는 이야기였다. 그들은 자신들의 삶의 의미였던 예수님을 안타깝게 기억하고 있었다. 그들은 예수님의 부활에 대한 소문도 이야기했으나 거기에 대한 확신은 없었다.
- 생각 · 신념 · 세상을 이해하는 방식의 탐색: 두 사람은 '우리를

구원하실 메시아가 죽었다. 이스라엘 민족의 희망이 사라졌다.'라는 생각과 '이제는 모든 것이 끝났다. 나는 실패자다.'라는 좌절에 빠져 있었다. 그토록 확신에 차 있던 열정적인 모습도 사라지고 소극적이고 허탈한 자세로 바뀌었다. 그들은 자신들의 꿈을 좌절시킨 대제사장과 관원들에 대해 분노를 표현했다. 예수님의 죽음 이후로 세상은 그들에게 회의와 의문에 가득 찬 곳이 되어 버렸다.

• 문제 해결: 좌절과 실의에 빠져 있는 두 사람의 행보에 예수님께서는 자연스럽게 동참하셨다. 예수님이 그들의 대화의 내용을 물으시자 그들은 자신들의 이야기를 솔직히 털어놓았다. 아직도 믿음의 확신이 없는 그들을 예수님은 "미련하고 선지자들의 말한 모든 것을 마음에 더디 믿는 자들이여."라고 불렀다. 그들이 느끼는 회의와 절망이 자신들의 믿음이 부족하여 생겨난 것임을 깨닫게 하신 것이다. 예수님은 그들이 낙망한 것은 어떠한 상황 때문이 아니라 그들이 그 문제에 대하여 어떤 해석을 했느냐의 문제임을 자각하게 하셨다. 또 그들의 잘못된 해석이 성경에 대한 무지와 불신의 소산임을 알려 주기 위해 그리스도의 고난과 영광이 기록되어 있는 성경에 대해 자세히 설명하셨다. 그들은 예수님과 함께 있기를 원했고 함께 식사를 하기 시작했을 때에야 비로소 자신들과 동행한 길손이 예수님이심을 알게 되었다. 이제 그들의 삶의 의미는 다시 분명해졌다. 산산이 부서졌던 꿈과 소망은 새로운 광명으로 바뀌었다.

• 과제를 통한 문제 해결 상태의 유지 및 영구적 문제 해결: 엠마

오로 가던 두 사람은 예수님께서 성경을 풀어 주실 때 실의에 가득 차 냉담했던 마음이 회복과 열정으로 다시 뜨거워지는 것을 느꼈다. 그들은 더 지체하지 않고 엠마오로 가던 길을 돌이켜 예루살렘으로 달려갔다. 그곳에서 예수님의 부활을 체험한 다른 사람들과 교제를 나눔으로써 활기를 되찾았고, 자신들의 삶의 의미와 목표도 확실히 하게 되었다.

20. 나다나엘과의 상담

요한 1:45-51

개신교 빌립이 나다나엘을 찾아 이르되 모세가 율법에 기록하였고 여러 선지자가 기록한 그이를 우리가 만났으니 요셉의 아들 나사렛 예수니라. 나다나엘이 이르되 나사렛에서 무슨 선한 것이 날 수 있느냐. 빌립이 이르되 와서 보라 하니라. 예수께서 나다나엘이 자기에게 오는 것을 보시고 그를 가리켜 이르시되 보라 이는 참으로 이스라엘 사람이라. 그 속에 간사한 것이 없도다. 나다나엘이 이르되 어떻게 나를 아시나이까. 예수께서 대답하여 이르시되 빌립이 너를 부르기 전에 네가 무화과나무 아래에 있을 때에 보았노라. 나다나엘이 대답하되 랍비여 당신은 이스라엘의 임금이로소이다. 예수께서 대답하여 이르시되 내가 너를 무화과나무 아래에서 보았다 하므로 믿느냐. 이보다 더 큰일을 보리라. 또 이르시되 진실로 진실로 너희에게 이르노니 하늘이 열리고 하나님의 사자들이 인자 위에 오르락내리락하는 것을 보리라 하시니라.(요 1:45-51)

천주교 이 필립보가 나타나엘을 만나 말하였다. "우리는 모세가 율법에 기록하고 예언자들도 기록한 분을 만났소. 나자렛 출신으로 요셉의 아들 예수라는 분이시오." 나타나엘은 필립보에게, "나자렛에서 무슨 좋은 것이 나올 수 있겠소?" 하였다. 그러자 필립보가 나타나엘에게 "와서 보시오." 하고 말하였다.

예수님께서는 나타나엘이 당신 쪽으로 오는 것을 보시고 그에 대하여 말씀하셨다. "보라, 저 사람이야말로 참으로 이스라엘 사람이다. 저 사람은 거짓이 없다." 나타나엘이 예수님께 "저를 어떻게 아십니까?" 하고 물으니, 예수님께서 그에게 "필립보가 너를 부르기 전에, 네가 무화과나무 아래에 있는 것을 내가 보았다." 하고 대답하셨다. 그러자 나타나엘이 예수님께 말하였다. "스승님, 스승님은 하느님의 아드님이십니다. 이스라엘의 임금님이십니다." 예수님께서 나타나엘에게 이르셨다. "네가 무화과나무 아래에 있는 것을 보았다고 해서 나를 믿느냐? 앞으로 그보다 더 큰일을 보게 될 것이다." 이어서 그에게 또 말씀하셨다. "내가 진실로 진실로 너희에게 말한다. 너희는 하늘이 열리고 하느님의 천사들이 사람의 아들 위에서 오르내리는 것을 보게 될 것이다.(요한 1:45-51)

◆ **내담자**: 나다나엘

◆ **상담 경위**

예수님께서는 빌립을 보시고 그를 부르셨다. 빌립은 나가서 자기 친구인 나다나엘을 찾아가 나사렛에서 온 예수란 사람에게서 오랫동안 기다려 온 메시아를 발견했다고 말했다. 맨 처음 이 말을 들은 나다나엘은 전혀 믿지 않았다. 구약 성서에는 나사렛에서 하나님의 택하심을 받은 자가 나리라는 예언이 없었다. 나사렛은 전혀 이름 없는 고장이었다. 나다나엘 자신은 갈릴리 한 고을인 가나에서 왔다. 그 당시에는 여러 지방 간에 서로 경쟁적인 분위기가 형성되어 있었다. 나다나엘의 시큰둥한 반응은 이런 배경에서 나온 것이었다. 나다나엘은 나사렛이란 마을에서는 어떤 선한 것이 나올 만한 동네가 되지 못하며 나올 것 같지도 않다고 생각했다. 이에 대해 빌립은 간단하게 "와 보라."라고 권했다. 이에 나다나엘은 비로소 예수님과 대면하게 되었다.

◆ 내담자의 인상 및 행동 특성

타 지방에 대한 편견이 있었고 남을 쉽게 믿으려 하지 않았다. 또 자신의 존재감에 대한 확신이 없었다.

◆ 문제의 탐색

나다나엘은 처음에 전혀 이름 없는 시골인 나사렛을 편견과 무시로 대했다. 그는 "나사렛에서 구세주가 날 일이 없다."라고 한마디로 빌립의 요청을 거부했다. 그러나 빌립의 "와 보라."라는 말에 끌려 예수님을 만나게 되었다. 빌립은 예수 그리스도를 알리는 데 이론적 · 철학적 설교나 교훈을 하지 않고 직접 예수님을 만나게 하는 중개인 역할만 했다. 그러나 늘 구세주를 간절히 바라던 나다나엘은 예수님을 찾아 나서게 되었다. 나다나엘을 보신 예수님은 "이는 참 이스라엘 사람이라. 그 속에 간사한 것이 없도다."라고 말씀하셨다. 이에 놀란 나다나엘은 "나를 아시나이까?" 하고 물었다. 자신의 존재감에 대한 확신이 없었던 나다나엘에게 자신을 입증해 주시는 분의 출현은 놀라운 것이었다.

◆상담의 목표 설정

• 정서적 결과 목표: 타인이나 타 지역에 대한 편견에서 벗어난다. 참자아를 대면하고 자신의 존재감에 대한 확신을 갖는다.
• 행동적 결과 목표: 자아에 대한 확신과 구세주에 대한 확신을 갖고 증거자로서의 삶을 산다.

◆Ellis의 구조화 모델 단계에 따른 사례의 실제

• 구체적 사건, 상황 및 환경의 탐색: 빌립의 전도에 확신 없이 반응했던 나다나엘이 예수님을 만나게 되었다. 예수님이 자신에 대해 알고 있다는 데 대해 전율을 느낀 나다나엘은 "어떻게 나를 아시나이까?" 하고 물었다. 예수께서는 그에게 그가 무화과나무 아래 있을 때 이미 보았다고 말씀하셨다. 유대인은 무화과나무가 평화를 나타낸다고 생각했다. 그들이 가지고 있는 평화에 대한 관념은 어떤 개인이 자기 무화과나무 아래서 평온하게 살 수 있는 것이었다. 무화과나무는 잎이 무성하고 그늘이 짙어 그 무성한 가지 아래 앉아 명상하기에 좋았기 때문이었다. 유대인들은 바로 그 무화과나무 아래서 하나님의 언약을 기다리고

사색에 잠기곤 했다. 나다나엘은 자신의 일상과 심중을 통찰하고 계신 예수님을 만나고 깜짝 놀라고 말았다.

- 생각 · 신념 · 세상을 이해하는 방식의 탐색: 나다나엘은 특정 지역에 대한 편견은 있었으나 하나님의 언약을 마음에 새기고 구세주가 올 때를 간절히 기다리는 사람이었다. 예수님께서 "그 속에 간사한 것이 없도다."라고 칭찬하셨듯이, 그에게는 세상에 대한 욕심과 간사한 계략이 없었다.
- 문제 해결: 예수께서 무화과나무 아래 있는 것을 보았다는 말씀이 나다나엘을 놀라게 했다. 자신의 마음 깊은 곳의 생각을 통찰하시고 자신의 일상에 대해 자세히 알고 있는 예수님을 만난 그는 "나의 가장 사적이고 은밀한 기도를 알고 계시는 분, 나의 일상과 영혼의 갈망까지 알고 계시는 이분이야말로 하나님께서 약속하신 구세주이시구나."라며 탄복한다. 이어 그는 예수님께 이렇게 고백한다. "당신은 하나님의 아들이시오. 당신은 이스라엘의 임금이로소이다." 나다나엘의 이런 고백에 대해 예수님께서는 "내가 너를 무화과나무 아래서 보았다 하므로 믿느냐. 이보다 더 큰일을 보리라."라고 말씀하시고, 이어 "진실로 진실로 너희에게 이르노니 하늘이 열리고 하나님의 사자들이 인자 위에 오르락내리락하는 것을 보리라."라고 덧붙이셨다. 나다나엘은 자신의 실존에 대해 알고 계신 예수님께 탄복했지만 그분은 인간사와 인간의 생각뿐 아니라 영혼의 눈을 떠 하늘나라에 대해 알게 하는 분이셨다. 나다나엘은 이제 자신의 존재감에 대한 확신을 갖게 되었다.

- 과제에 대한 문제 해결 상태의 유지 및 영구적 문제 해결: 나다나엘은 예수님과 대면함으로써 자신의 실존에 대한 확신, 구세주에 대한 확신, 하늘나라에 대한 소망을 갖게 되었다. 이제 그는 인간사에 대한 편협한 사고를 뛰어넘어 자신이 사심 없이 사색해 온 세계에 대한 통찰을 얻게 되었다. 그의 영구적인 삶의 과제가 해결된 것이다.

21. 사마리아 여인과의 상담

요한 4:5-42

개신교 사마리아에 있는 수가라 하는 동네에 이르시니 야곱이 그 아들 요셉에게 준 땅에 가깝고 거기 또 야곱의 우물이 있더라. 예수께서 길 가시다가 피곤하여 우물 곁에 그대로 앉으시니 때가 여섯 시쯤 되었더라. 사마리아 여자 한 사람이 물을 길으러 왔으매 예수께서 물을 좀 달라 하시니 이는 제자들이 먹을 것을 사러 그 동네에 들어갔음이러라. 사마리아 여자가 이르되 당신은 유대인으로서 어찌하여 사마리아 여자인 나에게 물을 달라 하나이까 하니 이는 유대인이 사마리아인과 상종하지 아니함이러라. 예수께서 대답하여 이르시되 네가 만일 하나님의 선물과 또 네게 물을 좀 달라 하는 이가 누구인 줄 알았더라면 네가 그에게 구하였을 것이요 그가 생수를 네게 주었으리라. 여자가 이르되 주여 물 길을 그릇도 없고 이 우물은 깊은데 어디서 당신이 그 생수를 얻겠사옵나이까. 우리 조상 야곱이 이 우물을 우리에게 주셨고 또 여기서 자기와 자기아들들과 짐승이 다 마셨는데 당신이 야곱보다 더 크니이까. 예수께서 대답하여 이르시되 이 물을 마시는 자마다 다시 목마르려니와 내가 주는 물을 마시는 자는 영원히 목마르지 아니하리니 내가 주는 물은 그 속에서 영생하도록 솟아나는 샘물이 되리라. 여자가 이르되 주여 그런 물을 내게 주사 목마르지도 않고 또 여기 물을 기르러 오지도 않게 하옵소서. 이르시되 가서 네 남편을 불러오라. 여자가 대답하여 이르되 나는 남편이 없나이다 예수께서 이르시되 네가 남편이 없다 하는 말이 옳도다. 너에게 남편 다섯이 있었고 지금 있는 자도 네 남편이 아니니 네 말이 참되도다. 여자가 이르되 주여 내가 보니 선지자이로소이다. 우리 조상들은 이 산에서 예배하였는데 당신들의 말은 예배할 곳이 예루살렘에 있다 하더이다. 예수께서 이르시되 여자여 내 말을 믿으라. 이 산에서도 말고 예루살렘에서도 말고 너희가 아버지께 예배할 때가 이르리라. 너희는 알지 못하는 것을 예배하고 우리는 아는 것을 예배하노니 이는 구원이 유대인에게서 남이라. 아버지께 참되게 예배하는 자들은 영과 진리로 예배할 때가 오나니 곧 이때라. 아버지께서는 자기에게 이렇게 예배하는 자들을 찾으시느니라. 하나님은 영이시니 예배하는 자가 영과 진리로 예배할지니라. 여자가 이르되 메시아 곧 그리스도라 하는 이가 오실 줄을 내가 아노니 그가 오시면 모든 것을 우리에게 알려 주시리이다. 예수께서 이르시되 네가 말하는 내가 그라 하시니라. 이때에 제자들이 돌아와서 예수께서 여자와 말씀하시는 것을 이상히 여겼으나 무엇을 구하시나이까 어찌하여 그와 말씀하시나이까 묻는 자가 없더라. 여자가 물동이를 버려두고 동네로 들어가서 사람들에게 이르되 내가 행한 모든 일을 내게 말한 사람을 와서 보라 이는 그리스도가 아니냐 하니 그들이 동네에서 나와 예수께로 오더라. 그사이에 제자들이 청하여 이르되 랍비여 잡수소서 이르시되 내게는 너희가 알지 못하는 먹을 양식이 있느니라. 제자들이 서로 말하되 누가 잡수실 것을 갖다 드렸는가 하니 예수께서 이르시되 나의 양식은 나를 보내신 이의 뜻을 행하며 그의 일을 온전히 이루는 이것이니라. 너희는 넉 달이 지나야 추수할 때가 이르겠다 하지 아니하느냐. 그러나 나는 너희에게 이르노니 너희 눈을 들어 밭을 보라. 희어져 추수하게 되었도다. 거두는 자가 이미 삯도 받고 영생에 이르는 열매를 모으나니 이는 뿌리는 자와 거두는 자가 함께 즐거워하게 하려 함이라. 그런즉 한 사람이 심고 다른 사람이 거둔다 하는 말이 옳도다. 내가 너희로 노력하지 아니한 것을 거두러 보내었노니 다른 사람들은 노력하였고 너희는 그들이 노력한 것에 참여하였느니라. 여자의 말이 내가 행한 모든 것을 그가 내게 말하였다 증언하므로 그 동네 중에 많은 사마리아인이 예수를 믿는지라. 사마리아인들이 예수께 와서 자기들과 함께 유하시기를 청하니 거기서 이틀을 유하시매 예수의 말씀으로 말미암아 믿는 자가 더욱 많아 그 여자에게 말하되 이제 우리가 믿는 것은 네 말로 인함이 아니니 이는 우리가 친히 듣고 그가 참으로 세상의 구주신 줄 앎이라 하였더라.(요 4:5-42)

천주교 그렇게 하여 예수님께서는 야곱이 자기 아들 요셉에게 준 땅에서 가까운 시카르라는 사마리아의 한 고을에 이르셨다. 그곳에는 야곱의 우물이 있었다. 길을 걷느라 지치신 예수님께서는 그 우물가에 앉으셨다. 때는 정오 무렵이었다.

마침 사마리아 여자 하나가 물을 길러 왔다. 그러자 예수님께서 "나에게 마실 물을 좀 다오." 하고 그 여자에게 말씀하셨다. 제자들은 먹을 것을 구하러 고을에 가 있었다. 사마리아 여자가 예수님께 말하였다. "선생님은 어떻게 유다 사람이면서 사마리아 여자인 저에게 마실 물을 청하십니까?" 사실 유다인들은 사마리아인들과 상종하지 않았다. 예수님께서 그 여자에게 대답하셨다. "네가 하느님의 선물을 알고 또 '나에게 마실 물을 좀 다오.' 하고 너에게 말하는 이가 누구인지 알았더라면, 오히려 네가 그에게 청하고 그는 너에게 생수를 주었을 것이다." 그러자 그 여자가 예수님께 말하였다. "선생님, 두레박도 가지고 계시지 않고 우물도 깊은데, 어디에서 그 생수를 마련하시렵니까? 선생님이 저희 조상 야곱보다 더 훌륭한 분이시라는 말씀입니까? 그분께서 저희에게 이 우물을 주셨습니다. 그분은 물론 그분의 자녀들과 가축들도 이 우물물을 마셨습니다." 예수님께서 그 여자에게 이르셨다. "이 물을 마시는 자는 누구나 다시 목마를 것이다. 그러나 내가 주는 물을 마시는 사람은 영원히 목마르지 않을 것이다. 내가 주는 물은 그 사람 안에서 물이 솟는 샘이 되어 영원한 생명을 누리게 할 것이다." 그러자 그 여자가 예수님께 말하였다. "선생님, 그 물을 저에게 주십시오. 그러면 제가 목마르지도 않고, 또 물을 길러 이리 나오지 않아도 되겠습니다."

예수님께서 그 여자에게, "가서 네 남편을 불러 이리 함께 오너라." 하고 말씀하셨다. 그 여자가 "저는 남편이 없습니다." 하고 대답하자, 예수님께서 말씀하셨다. "'저는 남편이 없습니다.' 한 것은 맞는 말이다. 너는 남편이 다섯이나 있었지만 지금 함께 사는 남자도 남편이 아니니, 너는 바른 대로 말하였다." 여자가 예수님께 말하였다. "선생님, 이제 보니 선생님은 예언자이시군요. 저희 조상들은 이 산에서 예배를 드렸습니다. 그런데 선생님네는 예배를 드려야 하는 곳이 예루살렘에 있다고 말합니다." 예수님께서 그 여자에게 말씀하셨다. "여인아, 내 말을 믿어라. 너희가 이 산도 아니고 예루살렘도 아닌 곳에서 아버지께 예배를 드릴 때가 온다. 너희는 알지도 못하는 분께 예배를 드리지만, 우리는 우리가 아는 분께 예배를 드린다. 구원은 유다인들에게서 오기 때문이다. 그러나 진실한 예배자들이 영과 진리 안에서 아버지께 예배를 드릴 때가 온다. 지금이 바로 그때다. 사실 아버지께서는 이렇게 예배를 드리는 이들을 찾으신다. 하느님은 영이시다. 그러므로 그분께 예배를 드리는 이는 영과 진리 안에서 예배를 드려야 한다."

그 여자가 예수님께, "저는 그리스도라고도 하는 메시아께서 오신다는 것을 압니다. 그분께서 오시면 우리에게 모든 것을 알려 주시겠지요." 하였다. 그러자 예수님께서 그 여자에게 말씀하셨다. "너와 말하고 있는 내가 바로 그 사람이다."

바로 그때에 제자들이 돌아와 예수님께서 여자와 이야기하시는 것을 보고 놀랐다. 그러나 아무도 "무엇을 찾고 계십니까?" 또는 "저 여자와 무슨 이야기를 하십니까?" 하고 묻지 않았다. 그 여자는 물동이를 버려두고 고을로 가서 사람들에게 말하였다. "제가 한 일을 모두 알아맞힌 사람이 있습니다. 와서 보십시오. 그분이 그리스도가 아니실까요?" 그리하여 그들이 고을에서 나와 예수님께 모여 왔다.

그러는 동안 제자들은 예수님께 "스승님, 잡수십시오." 하고 권하였다. 그러나 예수님께서 "나에게는 너희가 모르는 먹을 양식이 있다." 하시자, 제자들은 서로 "누가 스승님께 잡수실 것을 갖다 드리기라도 하였다는 말인가?" 하고 말하였다. 예수님께서 다시 그들에게 말씀하셨다. "내 양식은 나를 보내신 분의 뜻을 실천하고, 그분의 일을 완수하는 것이다. 너희는 '아직도 넉 달이 지나야 수확 때가 온다.' 하고 말하지 않느냐? 자, 내가 너희에게 말한다. 눈을 들어 저 밭들을 보아라. 곡식이 다 익어 수확 때가 되었다. 이미 수확하는 이가 삯을 받고, 영원한 생명에 들어갈 알곡을 거두어들이고 있다. 그리하여 씨 뿌리는 이도 수확하는 이와 함께 기뻐하게 되었다. 과연 '씨 뿌리는 이가 다르고 수확하는 이가 다르다.' 라는 말이 옳다. 나는 너희가 애쓰지 않은 것을 수확하라고 너희를 보냈다. 사실 수고는 다른 이들이 하였는데, 너희가 그 수고의 열매를 거두는 것이다."

그 고을에 사는 많은 사마리아들이 예수님을 믿게 되었다. 그 여자가 "저분은 제가 한 일을 모두 알아맞혔습니다." 하고 증언하는 말을 하였기 때문이다. 이 사마리아인들이 예수님께 와서 자기들과 함께 머무르시기를 청하자, 그분께서는 거기에서 이틀을 머무르셨다. 그리하여 더 많은 사람이 그분의 말씀을 듣고 믿게 되었다. 그들이 그 여자에게 말하였다. "우리가 믿는 것은 이제 당신이 한 말 때문이 아니오. 우리가 직접 듣고 이분께서 참으로 세상의 구원자이심을 알게 되었소."(요한 4:5-42)

◆ **내담자**: 사마리아 여인(남편이 다섯 있었고 현재는 여섯 번째 남자의 정부로 사는 여인)

◆ 상담 경위

당시 유대인들과 사마리아인들은 서로 원수처럼 지냈다. 그러나 유대에서 갈릴리로 가는 가장 빠른 길은 사마리아를 통해서 가는 길이었다. 예수님께서도 이 길로 가시던 중 수가라는 마을에 들어섰다. 때는 정오였다. 유대인들의 하루는 오전 6시부터 오후 6시까지였으므로 6시란 것은 정오를 말한다. 이때는 햇빛이 가장 뜨거운 때였다. 사마리아 여인 하나가 예수님께서 앉아 쉬시는 우물가로 왔다. 가부장적인 당시의 문화에도 사마리아 여인은 다섯 번이나 남편을 바꾸고 현재 동거하는 자도 남편이 아니었다. 그래서였던지 사마리아 여인은 일부러 동네 여인들의 왕래가 뜸한 시간인 정오에 팔레스틴 지역의 뜨거운 햇빛을 받으며 물을 길러 나왔다. 이 여인은 마을 사람들과 부딪히는 것을 피하고 있었다. 여러 번 결혼을 한 여인은 동네 사람들에게 비난을 받는 대상으로서 소외된 삶을 살고 있었다. 그런데 그 여인이 우물가에 앉으신 예수님을 만나게 된 것이다.

◆ 문제의 탐색

사마리아 여인은 물을 구하러 우물가에 왔다. 당시 유대인들에게 물이란 말은 다양한 뜻으로 사용되었다. 유대인들은 종종 하나님을 바라는 영혼의 갈증이란 말을 썼고 생수로 갈증을 면한다는 말을 쓰기도 했다. 그녀에게는 많은 남편이 있었으나 늘 영혼의 갈증을 느꼈다. 또 관계 중독에 걸려 있었으나 그녀가 참으로 의지하고 믿을 수 있고 희망을 걸 수 있는 사람이 주위에 없어 깊은 외로움을 안고 살았을 것이다. 여자는 너무나 많은 도덕적인 부정을 저질러 마을 사람들로부터 소외되었고 폐쇄적인 삶 속에서 대인관계에 어려움을 겪거나 피해의식에 사로잡혀 있었을 것이다. 그로 인해 그는 경계심과 불신감이 많고 방어적인 태도를 보였다.

◆ 상담의 목표 설정

- 정서적 결과 목표: 자신감과 자존감을 높이고 새로운 삶의 의미를 발견한다.
- 행동적 결과 목표: 자신의 삶에 대한 새로운 이해와 이웃에 대

한 새로운 시각을 갖고 대인관계를 회복한다.

◆ **Ellis의 구조화 모델 단계에 따른 사례의 실제**

- 구체적 사건, 상황 및 환경의 탐색: 사마리아 여인은 다섯 번의 이혼을 겪으며 상실의 상처가 컸다. 그녀는 관계중독에 걸려 있어서 끝없는 욕구와 갈증을 느꼈다. 그런 그녀가 예수님을 만나게 되었고 예수님께서는 여인에게 "물을 좀 달라."라고 하셨다. 이에 여인은 놀랐다. 왜냐하면 유대와 사마리아는 적대관계였으므로 유대인은 사마리아인에게 말을 거는 예가 없었기 때문이다. 게다가 당시에는 공적으로도 여자에게 인사하는 것을 금하고 있었다. 그러나 예수님은 민족적 편견과 유대인의 관습을 깨뜨리시고 여인에게 상담자로 임하셨던 것이다.
- 생각 · 신념 · 세상을 이해하는 방식의 탐색: 사마리아 여인은 자기혐오와 수치심 속에서 인생의 의미를 발견하지 못하고 있었다. 그녀의 부정적 자아관은 "나는 쓸모없다." "나는 부정하고 돌이킬 수 없는 죄인이다." "나는 실패자다." "나는 버림을 받았다."라는 정서적 추론을 반복했다. 그녀의 세계관 역시 "나는 너무 힘들다." "사람들은 모두 나를 비난할 것이다." "그들은 부당하다."라는 완곡한 진술을 했다. 미래관 역시 부정적이어서 "나는 어쩔 수 없는 인간이다." "나는 새로운 삶을 찾을 수가 없다." 등의 부정적 예측을 하고 있었다.
- 문제 해결: 예수님은 사마리아 여인의 부정적 사고를 대화를 통해 논박하신다. 여인의 채울 수 없는 욕구에 대해 물이라는 실

체를 놓고 대화를 나누신 것이다. 그래도 여인이 깨닫지 못하자 예수님은 직언으로 "가서 네 남편을 데려오라."라고 하셨다. 그 여인은 갑자기 충격을 받은 것처럼 움찔해서는 여인의 태도가 진지해졌다. 예수님께서 자신의 모습을 직면하게 하셨기 때문이다. 여인의 단정치 못하고 부도덕한 삶은 예수님 앞에 여실히 드러났다. 사마리아 여인은 자신의 심중을 꿰뚫어 보시는 그리스도의 능력에 놀랐다. 이윽고 그녀는 자신의 본질적인 욕구를 자각하고, 진정한 예배를 통한 새로운 삶에 눈을 뜨게 되었다. 이제 여인은 나도 새로운 삶을 살 수 있다는 인지적 효과, 삶에 대해 경이와 기쁨을 느끼는 정서적 효과, 수치심에서 벗어나 새로 발견한 삶을 사람들에게 전하는 행동적 효과를 나타냈다.

• 과제를 통한 문제 해결 상태의 유지 및 영구적 문제 해결: 여인은 물동이를 버려두고 동네에 들어가 사람들에게 "나의 행한 모든 일을 내게 말한 사람을 와 보라. 이는 그리스도가 아니냐." 라고 외쳤다. 이제 여인은 채워도 채워도 갈증이 나게 하는 물동이 따위는 버려두고 새로운 삶의 발견을 전달하는 데 열심이었다. 예수님을 만난 놀라운 체험에 그동안의 수치감을 잊고 스스로 피해 다녔던 사람들을 찾아가 자신의 체험을 전달한 것이다. 이로써 끊어졌던 여인의 대인관계는 다시 활발해지고 내면의 모든 상처가 치유되고 유지될 수 있었다.

22. 베데스다 못가 병자와의 상담

요한 5:2-9

개신교 예루살렘에 있는 양 문 곁에 히브리말로 베데스다라 하는 못이 있는데 거기 행각 다섯이 있고 그 안에 많은 병자, 맹인, 다리 저는 사람, 혈기 마른 사람들이 누워 물의 움직임을 기다리니 이는 천사가 가끔 못에 내려와 물을 움직이게 하는데 움직인 후에 물에 먼저 들어가는 자는 어떤 병에 걸렸던지 낫게 됨이러라. 거기 서른여덟 해 된 병자가 있더라. 예수께서 그 누운 것을 보시고 병이 벌써 오래된 줄 아시고 이르시되 네가 낫고자 하느냐. 병자가 대답하되 주여 물이 움직일 때에 나를 못에 넣어 주는 사람이 없어 내가 가는 동안에 다른 사람이 먼저 내려가나이다. 예수께서 이르시되 일어나 네 자리를 들고 걸어가라 하시니 그 사람이 곧 나아서 자리를 들고 걸어 가니라.(요 5:2-9)

천주교 예루살렘의 '양 문' 곁에는 히브리말로 벳자타라고 불리는 못이 있었다. 그 못에는 주랑이 다섯 채 딸렸는데, 그 안에는 눈먼 이, 다리 저는 이, 팔다리가 말라비틀어진 이 같은 병자들이 많이 누워 있었다. 거기에는 서른여덟 해나 앓은 사람도 있었다. 예수님께서 그가 누워 있는 것을 보시고 또 이미 오래 그렇게 지낸다는 것을 아시고는, "건강해지고 싶으냐?" 하고 그에게 물으셨다. 그 병자가 예수님께 대답하였다. "선생님, 물이 출렁거릴 때에 저를 못 속에 넣어 줄 사람이 없습니다. 그래서 제가 가는 동안에 다른 이가 저보다 먼저 내려갑니다." 예수님께서 그에게 말씀하셨다. "일어나 네 들것을 들고 걸어가거라." 그러자 그 사람은 곧 건강하게 되어 자기 들것을 들고 걸어갔다.(요한 5:2-9)

◆ **내담자**: 38년 된 병자

◆ **상담 경위**

베데스다는 히브리어로 자비의 집을 뜻했다. 이 베데스다라 하는 연못에는 날마다 수많은 병자가 몰려와 연못물이 동하기만을 기다리고 있었다. 그 연못에는 천사가 내려와 물을 동하게 할 때 제일 먼저 물에 뛰어들어 가는 사람이 질병에서 나음을 받게 된다는 전설이 있었기 때문이다. 이 연못에 38년 동안 병으로 누워 있는 병자가 찾아왔다. 그는 병이 깊어 물이 동한 후 연못에 제일 먼저 뛰어든다는 것은 거의 불가능한 일이었다. 그를 도와 물에 넣어 줄 사람도 없었다. 그런 그를 예수님께서 만나 주신 것이다.

◆ **내담자의 인상 및 행동 특성**

오랜 병으로 인해 쇠약해져 있었고 정신적으로도 약해져 절망에 빠져 있었다.

◆ 문제의 탐색

38년 동안 도와줄 사람도 없이 병으로 누워 있던 병자에게는 희망이라고는 없었다. 남은 것이라고는 소극적이고 덤덤한 절망뿐이었다. 그러나 그는 한 가닥 희망을 놓지 않고 치료받기를 원했다. 비록 누구도 자기를 도와준 사람이 없었지만 정말 간절히 낫기를 원했다. 그는 변화의 새 삶을 살고 싶어 했지만 스스로 일어설 수 없다는 무력함을 느꼈다. 그는 은혜에 대한 간절한 갈망을 갖고 있었다.

◆ 상담의 목표 설정

- 정서적 결과 목표: 절망에서 벗어나 쾌유의 기쁨을 누린다.
- 행동적 결과 목표: 새로운 삶에 대한 소망을 갖고 기쁨의 삶을 산다.

◆ Ellis의 구조화 모델 단계에 따른 사례의 실제

- 구체적 사건 상황 및 환경의 탐색: 병으로 고통받으며 베데스타 연못이 동하기만을 바라고 있던 사람들은 인간의 무능력함을 알고 인간의 능력을 뛰어넘는 자연의 어떠한 힘에 매달려 보려고 했다. 그들은 그저 누워서 기적이 일어나기만을 기다렸다. 38년이란 긴 세월을 병으로 누워 있었던 내담자 역시 소극적이고 암담한 절망 속에서 한 가닥 희망만 붙잡고 연못가에 누워 있었다.
- 생각 · 신념 · 세상을 이해하는 방식의 탐색: 내담자는 오랜 세월 동안 연못가에 누워 있었지만 물이 동할 때 도와줄 사람이

아무도 없었다. 그는 세상을 냉혹하다고 이해했고 자신은 버림받았다는 피해의식에 사로잡혀 있었다. 막연한 희망을 가지면서도 "나는 고침받을 수 없다."라는 절망적인 생각을 했다. 그러나 그는 누군가 자신의 병과 삶에 관심을 가져 주길 바라는 마음을 버리지는 않고 있었다.

- 문제 해결: 38년 동안 버려진 듯 누워 있던 병자에게는 누구도 관심을 가져 주지 않았다. 적극적으로 그를 도와주는 사람도 없었고 병마와 싸운 그 긴 시간에 대해 동정해 주는 사람도 없었다. 그는 병으로 인한 괴로움뿐 아니라 외로움에 시달려야 했고, 처절한 절망감에 삶의 의욕을 잃어 갔다. 그때 예수님께서 그를 찾아오셨다. 예수님은 그의 병이 오래 되었음을 동정하셨고 그에게 다가와 물으셨다. "네가 낫고자 하느냐?" 병자는 자신에게 관심을 가진 예수님에게 즉각적으로 반응했다. "주여, 물이 동할 때에 나를 못에 넣어 줄 사람이 없어 내가 내려가는 동안에 다른 사람이 먼저 내려가나이다." 오랜 세월 버려져 있던 그에게 예수님의 관심은 그 무엇보다 반가웠을 것이다. 그는 예수님께 자신의 처지를 호소했고 혹시 자신에게 말을 걸어오는 이 사람이 자신을 연못에 넣어 줄지도 모른다는 희망을 갖고 매달렸다. 이처럼 예수님의 능력을 경험할 수 있는 가장 중요한 요소는 은혜에 대한 간절한 갈망이다. 예수님께서는 병자에게 "네 자리를 들고 걸어가라."라고 하셨다. 38년간 누워 있던 병자에게는 불가능한 명령이었다. 38년 동안 침상이 나를 운반하고 다녔는데 이제 내가 그 침상을 들고 가라니 말도 안 된다고

생각할 수도 있었을 것이다. 그러나 병자는 강렬한 소망을 가지고 "일어나 걸으라."라는 예수님의 말씀에 지체 없이 순종했고 오랜 병에서 쾌유되었다. 그의 간절한 소망과 용감한 결단이 황폐한 그의 삶을 완전히 뒤바꾼 것이다.

23. 디베랴 바닷가의 제자들 상담

요한 21:1-14

개신교 그 후에 예수께서 디베랴 호수에서 또 제자들에게 자기를 나타내셨으니 나타내신 일은 이러하니라. 시몬 베드로와 디두모라 하는 도마와 갈릴리 가나 사람 나다나엘과 세베대의 아들들과 또 다른 제자 둘이 함께 있더니 시몬 베드로가 나는 물고기 잡으러 가노라 하니 그들이 우리도 함께 가겠다 하고 나가서 배에 올랐으나 그날 밤에 아무것도 잡지 못하였더니 날이 새어 갈 때에 예수께서 바닷가에 서셨으나 아무도 예수이신 줄 알지 못하는지라. 예수께서 이르시되 얘들아 너희에게 고기가 있느냐 대답하되 없나이다. 이르시되 그물을 배 오른편에 던지라 그리하면 잡으리라 하시니 이에 던졌더니 물고기가 많아 그물을 들 수 없더라. 예수께서 사랑하시는 그 제자 베드로에게 이르되 주님이시라 하니 시몬 베드로가 벗고 있다가 주님이라 하는 말을 듣고 겉옷을 두른 후에 바다로 뛰어내리더라. 다른 제자들은 육지에서 불과 한 오십 칸쯤 되므로 작은 배를 타고 물고기가 든 그물을 끌고 와서 육지에 올라보니 숯불이 있는데 그 위에 생선이 놓였고 떡도 있더라. 예수께서 이르시되 지금 잡은 생선을 좀 가져오라 하시니 시몬 베드로가 올라가서 그물을 육지에 끌어올리니 가득히 찬 물고기가 백쉰세 마리라. 이 같이 많으나 그물이 찢어지지 아니하였더라. 예수께서 이르시되 와서 조반을 먹으라 하시니 제자들이 주님이신 줄 아는 고로 당신이 누구냐 감히 묻는 자가 없더라. 예수께서 가셔서 떡을 가져다가 그들에게 주시고 생선도 그와 같이 하시니라. 이것은 예수께서 죽은 자 가운데서 살아나신 후에 세 번째로 제자들에게 나타나신 것이라.(요 21:1-14)

천주교 그 뒤에 예수님께서는 티베리아스 호숫가에서 다시 제자들에게 당신 자신을 드러내셨는데, 이렇게 드러내셨다. 시몬 베드로와 '쌍둥이'라고 불리는 토마스, 갈릴래아 카나 출신 나타나엘과 제베대오의 아들들, 그리고 그분의 다른 두 제자가 함께 있었다. 시몬 베드로가 그들에게 "나는 고기 잡으러 가네." 하고 말하자, 그들이 "우리도 함께 가겠소." 하였다. 그들이 밖으로 나가 배를 탔지만 그날 밤에는 아무것도 잡지 못하였다.

어느덧 아침이 될 무렵, 예수님께서 물가에 서 계셨다. 그러나 제자들은 그분이 예수님이신 줄을 알지 못하였다. 예수님께서 그들에게, "얘들아, 무얼 좀 잡았느냐?" 하시자, 그들이 대답하였다. "못 잡았습니다." 예수님께서 그들에게 이르셨다. "그물을 배 오른쪽에 던져라. 그러면 고기가 잡힐 것이다." 그래서 제자들이 그물을 던졌더니, 고기가 너무 많이 걸려 그물을 끌어올릴 수가 없었다. 예수님께서 사랑하신 그 제자가 베드로에게 "주님이십니다." 하고 말하였다. 주님이시라는 말을 듣자, 옷을 벗고 있던 베드로는 겉옷을 두르고 호수로 뛰어들었다. 다른 제자들은 그 작은 배로 고기가 든 그물을 끌고 왔다. 그들은 뭍에서 백 미터쯤밖에 떨어져 있지 않았던 것이다.

그들이 뭍에 내려서 보니, 숯불이 있고 그 위에 물고기가 놓여 있고 빵도 있었다. 예수님께서 그들에게 말씀하셨다. "방금 잡은 고기를 몇 마리 가져오너라." 그러자 시몬 베드로가 배에 올라 그물을 뭍으로 끌어올렸다. 그 안에는 큰 고기가 백쉰세 마리나 가득 들어 있었다. 고기가 그토록 많은데도 그물이 찢어지지 않았다. 예수님께서 그들에게 "와서 아침을 먹어라." 하고 말씀하셨다. 제자들 가운데에는 "누구십니까?" 하고 감히 묻는 사람이 없었다. 그분이 주님이시라는 것을 알고 있었기 때문이다. 예수님께서는 다가가셔서 빵을 들어 그들에게 주시고 고기도 그렇게 주셨다. 이렇게 예수님께서는 죽은 이들 가운데에서 되살아나신 뒤에 세 번째로 제자들에게 나타나셨다.(요한 21:1-14)

◆ **내담자**: 예수님의 제자들

◆ **상담 경위**

예수님의 제자들은 생업을 버리고 예수님을 좇았다. 그들은 미래에 대한 희망이 있었고 예수님은 그들의 삶에 절대적인 존재였다.

그러나 그들이 좇았던 절대가치가 무너졌다. 예수님께서 십자가에 못 박혀 죽으셨던 것이다. 이에 제자들은 삶의 목표와 소망을 잃었고 동시에 미래도 잃었다. 그들은 다시 과거의 삶으로 돌아가기로 했다. 어부였던 그들은 다시 낡은 그물을 둘러매고 물고기를 잡으러 갔다. 그들은 회의와 좌절, 실망과 절망으로 가득 찬 마음으로 자꾸 헛그물질을 해댔다. 결국 밤새도록 한 마리의 고기도 잡지 못해 낙망해 있었다.

◆ 내담자의 인상 및 내담 특성

좌절과 낙망으로 삶의 용기를 잃고 있었다.

◆ 문제의 탐색

과거의 모든 것을 버리고 한껏 꿈에 부풀어 예수님을 좇았던 제자들에게 예수님의 죽음은 큰 충격이었다. 그들에게는 삶의 소망을 송두리째 빼앗아 버리는 일대 사건이었다. 실의에 빠진 제자들은 뿔뿔이 흩어져 제각각 예전의 생업에 복귀했다. 시몬 베드로와 도마, 나다나엘 등 제자들은 다시 어부가 되어 디베랴 바다로 나가서 밤새 물고기를 잡기 시작했다. 갈릴리 바다의 어부들은 보통 야간 고기잡이를 했는데 밤이 물고기 잡는 데 가장 좋은 시간이었기 때문이다. 그러나 그날은 한 마리의 고기도 잡을 수 없었다. 그들은 지쳐서 집으로 돌아갈 채비를 했다. 열정적으로 예수님을 좇던 그들에게는 물고기잡이가 더 이상 예전 같지 않았다. 모든 것이 시들했다. 삶이 무의미하고 허망하게만 느껴졌다. '모든 것이 허사가 되었다.

나는 어쩔 수 없는 어부에 불과하다.' '생업에도 자신이 없다.' '세상은 내 뜻대로 되어 주지 않는다.' 등 회의, 두려움, 피로감, 좌절감으로 그들은 지쳐 갔다. 그들에게는 다시 일어설 신념과 용기가 필요했다.

◆ **상담의 목표 설정**

- 정서적 결과 목표: 좌절과 회의감에서 벗어나 희망을 갖는다.
- 행동적 결과 목표: 열정을 회복하여 새로운 삶의 희망을 가지고 다시 일어서 의미 있는 일에 삶을 바친다.

◆ **Ellis의 구조화 모델의 단계에 따른 사례의 실제**

- 구체적 사건, 상황 및 환경의 탐색: 예수님이 체포되어 심문을 받을 때 제자들은 모두 예수님을 떠났다. 오직 한 사람 베드로만 예수님을 좇았으나 그도 결국 빌라도의 뜰에서 예수님을 세 번 부인했다. 제자들이 죄책감과 좌절과 낙망 속에서 택할 수 있었던 것은 생계 유지를 위해 전업이었던 어부로 돌아가는 일뿐이었다. 그러나 그들에게는 더 이상의 삶의 의미가 사라졌다. 단지 가장 기본적인 욕구를 채우기 위해 일할 뿐이었다. 그때 그들 앞에 부활하신 예수님이 나타나셨다. 어두운 새벽에 나타나신 예수님을 제자들은 곧 알아보았다. 예수님이시라는 걸 알아챈 베드로는 당황해서 바다로 뛰어들었다. 죄책감에 괴로워했던 그는 누구보다 먼저 예수님에게 인사드리고 싶었기 때문이다.

- 생각 · 신념 · 세상을 이해하는 방식의 탐색: 제자들은 예수님을 끝까지 좇지 못한 데 대해 깊은 죄책감을 느꼈다. 또 열정을 다 바쳐 추구한 삶의 목표가 무너져 큰 좌절에 사로잡혀 있었다. 여기에 예수님을 십자가에 못 박은 자들이 언제 자신을 추궁할지 모른다는 두려움까지 안고 있었다.
- 문제 해결: 부활하신 예수님은 삶의 소망을 잃은 제자들을 찾아오셨다. 예수님은 먼저 그들에게 물으셨다. "얘들아 너희에게 고기가 있느냐?" 제자들은 "없나이다."라고 대답했고, 예수님의 지시에 따라 그물을 배 오른편에 던졌다. 밤새 단 한 마리도 잡을 수 없었던 그들의 그물은 이제 잡힌 고기들로 미어터질 지경이었다. 예수님께서는 지치고 배고픈 제자들을 위해 숯불에 구운 생선과 떡으로 조반을 준비해 놓으셨다. 제자들은 예수님의 부활이 환상이 아니라 사실이라는 것을 생선과 떡을 먹으며 비로소 실감했다. 예수님은 육체를 가진 사람으로서 제자들과 함께 먹고 마시면서 자신이 부활하셨음을 제자들에게 알게 하셨다. 예수님은 제자들에게 "왜 나를 떠났느냐?"라고 묻지도 않으셨고 "왜 다시 어부로 되돌아가 헛그물질을 하고 있느냐?"라고 책망하지도 않으셨다. 오히려 물고기를 넘치게 잡을 수 있게 하셨고 따뜻한 조반을 차려 먹이심으로 그들의 허기를 채워 주셨다. 제자들의 인간적인 연약함을 사랑으로 감싸 안으셨던 것이다.
- 과제를 통한 문제 해결 상태의 유지 및 영구적 문제 해결: 예수님의 부활은 제자들에게 다시 한 번 일어설 수 있는 용기를 갖

게 했다. 이제 그들은 부활하신 예수님을 증거하는 과제를 안게 되었다. 새로운 삶의 목표는 그들의 열정에 다시 불을 붙였다. 이후 그들은 사명자로서의 삶을 충실히 살게 되었다.

제6장 대립모형에 따른 상담사례

24. 옥합을 깬 여인

마태 26:6-16, 요한 12:1-5

개신교 예수께서 베다니 문둥이 시몬의 집에 계실 때에 한 여자가 매우 귀한 향유 한 옥합을 가지고 나아와서 식사하시는 예수의 머리에 부으니 제자들이 보고 분하여 가로되 무슨 의사로 이것을 허비하느뇨 이것을 많은 값에 팔아 가난한 자들에게 줄 수 있었겠도다 하거늘 예수께서 아시고 저희에게 이르시되 너희가 어찌하여 이 여자를 괴롭게 하느냐 저가 내게 좋은 일을 하였느니라. 가난한 자들은 항상 너희와 함께 있거니와 나는 항상 함께 있지 아니하리라. 이 여자가 내 몸에 이 향유를 부은 것은 내 장사를 위하여 함이니라. 내가 진실로 너희에게 이르노니 온 천하에 어디서든지 이 복음이 전파되는 곳에는 이 여자의 행한 일도 말하여 저를 기념하리라 하시니라. 그 때에 열둘 중의 하나인 가룟 유다라 하는 자가 대제사장들에게 가서 말하되 내가 예수를 너희에게 넘겨주리니 얼마를 주려느냐 하니 그들이 은 삼십을 달아 주거늘 저가 그때부터 예수를 넘겨줄 기회를 찾더라.(마 26:6-16)

천주교 예수님께서 베타니아에 있는 나병 환자 시몬의 집에 계실 때의 일이다. 어떤 여자가 매우 값진 향유가 든 옥합을 가지고 다가와, 식탁에 앉아 계시는 그분 머리에 향유를 부었다. 제자들이 그것을 보고 불쾌해하며 말하였다. "왜 저렇게 허투루 쓰는가? 저것을 비싸게 팔아 가난한 이들에게 나누어 줄 수도 있을 터인데." 예수님께서 그것을 아시고 그들에게 이르셨다. "왜 이 여자를 괴롭히느냐? 이 여자는 나에게 좋은 일을 하였다. 사실 가난한 이들은 늘 너희 곁에 있지만, 나는 늘 너희 곁에 있지는 않을 것이다. 이 여자가 내 몸에 이 향유를 부은 것은 내 장례를 준비하려고 한 것이다. 내가 진실로 너희에게 말한다. 온 세상 어디든지 이 복음이 선포되는 곳마다, 이 여자가 한 일도 전해져서 이 여자를 기억하게 될 것이다."(마태오 26:6-16)

◆ **내담자**: 예수님의 제자들

◆ 상담 경위

예수님께서 어느 집에 방문하셨을 때 일어난 일이다. 한 여자가 매우 귀한 향유 한 옥합을 가지고 나아와 식사하시는 예수님의 머리에 부었다. 여자는 자기가 가지고 있는 것 중에서 가장 귀한 것을 예수님께 부은 것이다. 유대 여자들은 향유를 대단히 좋아해서 흔히 향유를 담은 석고로 만든 작은 병을 목에 걸고 다녔는데 그것을 예수님께 쏟아부은 것이다. 그러자 예수님의 제자들이 여자를 질책하고 나섰다. 도대체 무슨 생각으로 그 비싼 향유를 허비하느냐는 것이었다. 그것을 비싼 값에 팔아서 가난한 사람들에게 주는 것이 실속 있는 일이라는 것이었다.

◆ 내담자의 인상 및 행동 특성

제자들은 자신들의 편협한 생각으로 일을 판단하고 타인의 행위에 대해 옳지 않은 결론을 내렸다. 이들은 경제적 개념으로만 사리를 판단하는 경향이 있었다.

◆ 문제의 탐색

여인이 예수님의 머리에 쏟아부은 향유는 대단히 값이 나가는 것이었다. 요한은 순전한 나드 한 근이라고 했는데 이 값은 노동자가 1년을 꼬박 일한 임금에 해당하는 액수였다. 이 향유 한 옥합이면 5,000명의 무리를 먹일 수 있을 정도였다. 여인은 자신이 가진 최선의 것을 최대한으로 아낌없이 예수님께 쏟아부은 것이다. 이에 대해 예수님의 제자들은 상식적인 경제 논리로 여인을 질책했다. 이들은 향유 한 옥합을 살 값이면 가난한 사람을 구제할 수 있었다는 누구도 반박하기 어려운 논리를 들어 여인을 비난했다. 상식적인 경제 논리와 종교적 경제 관념의 차이가 충돌을 불러온 것이다. 이것은 여인과 제자들과의 충돌일 수도 있으나 한 개인의 내적인 갈등이 될 수도 있는 문제였다.

◆상담의 목표 설정

- 정서적 결과 목표: 상대의 마음을 이해하려 하지 않고 자신들의 판단과 생각으로 남을 정죄하려는 태도에서 벗어난다.
- 행동적 결과 목표: 경제 논리로 계산할 수 없는 사랑의 가치를 알고 행동으로 실천할 수 있다.

◆Ellis의 구조화 모델의 단계에 따른 사례의 실제

- 구체적 사건, 상황 및 환경의 탐색: 식사하시는 예수님께 다가간 여인이 옥합을 깨어 향유를 예수님 머리에 부었다. 여인은 많은 사람 앞에서 예수님에 대한 자신의 사랑을 아낌없이 표현했다. 사랑은 결코 타산적이 아니기 때문이다. 그녀는 자신이 가진 가장 소중한 것을 전부 드렸던 것이다. 그러나 그 사랑은 칭찬받지 못했다. 예수님의 제자들은 오히려 여인을 질책했다. 여인의 순수한 마음을 낭비라고 비난한 예수의 제자들은 여인의 사랑을 부끄럽게 만들었다.

- 생각 · 신념 · 세상을 이해하는 방식의 탐색: 예수님의 제자들은 세상을 보는 시각이 편협했다. 그들은 여인이 예수님을 향해 유례가 없는 사랑의 행동을 보였음에도 그를 낭비라고 비난하기만 했다. 제자들은 자신들이 가진 상식에서 벗어나지 못하였고 자신들의 생각만이 옳다고 확신했다.
- 문제 해결: 예수님은 여인을 질책하는 제자들을 대화로 논박 하셨다. "너희가 어찌하여 이 여자를 괴롭게 하느냐. 저 여인이 내게 좋은 일을 하였느니라." 예수님은 여인의 계산 없이 순수한 사랑의 마음을 기쁘게 받으셨다. 이는 제자들의 상식을 완전히 뒤엎는 말이었다. 예수님은 여인의 사랑에 희생이 담겨 있다는 것을 아셨다. 여인이 자신이 줄 수 있는 능력보다 더 큰 것을 예수님께 드렸다는 것을 알고 계셨던 예수님은 오히려 여인의 편을 들어주셨다. 제자들의 질책에 주눅 들어 있는 여인을 칭찬하셨던 것이다. "가난한 자들은 항상 너희와 함께 있거니와 나는 항상 너희와 함께 있지 아니하리라."라는 예수님의 말씀에는 사랑도 줄 수 있는 때가 정해져 있으니 그때를 놓쳐서는 안 된다는 뜻이 담겨 있었다. 세상에는 어느 때든지 할 수 있는 일과 오직 한 번밖에 할 수 없는 일이 있다. 예수님께 향유를 붓는 일은 한 번 기회를 놓치면 영원히 할 수 없는 일이었다. 예수님은 여인의 사랑을 크게 보상하셨다. "내가 진실로 너희에게 이르노니 온 천하에 어디서든지 이 복음이 전파되는 곳에는 이 여자의 행한 일도 말하여 저를 기념하리라." 예수님은 이 말씀을 통해 제자들에게 사랑의 가치를 일깨우신 것이다.

• 과제를 통한 문제 해결 상태의 유지 및 영구적 문제 해결: 옥합을 깨뜨린 여인의 사건을 통해 제자들은 사랑의 가치를 깨닫고 예수 그리스도를 향한 '사랑의 낭비'를 아끼지 않게 되었다.

25. 시몬과 향유 부은 여인

누가 7:36-50

개신교 한 바리새인이 예수께 자기와 함께 잡수시기를 청하니 이에 바리새인의 집에 들어가 앉으셨을 때에 그 동네에 죄를 지은 한 자가 있어 예수께서 바리새인의 집에 앉아 계심을 알고 향유 담은 옥합을 가지고 와서 예수의 뒤로 그 발 곁에 서서 울며 눈물로 그 발을 적시고 자기 머리털로 닦고 그 발에 입 맞추고 향유를 부으니 예수를 청한 바리새인이 그것을 보고 마음에 이르되 이 사람이 만일 선지자라면 자기를 만지는 이 여자가 누구며 어떠한 자 곧 죄인인 줄을 알았으리라 하거늘 예수께서 대답하여 이르시되 시몬아 내가 네게 이를 말이 있다 하시니 그가 이르되 선생님 말씀하소서. 이르시되 빚 주는 사람에게 빚진 자가 둘이 있어 하나는 오백 데나리온을 졌고 하나는 오십 데나리온을 졌는데 갚을 것이 없으므로 둘 다 탕감하여 주었으니 둘 중에 누가 그를 더 사랑하겠느냐. 시몬이 대답하여 이르되 내 생각에는 많이 탕감받은 자니이다. 이르시되 네 판단이 옳다 하시고 그 여자를 돌아보시고 시몬에게 이르시되 이 여자를 보느냐. 내가 네 집에 들어올 때 너는 내게 발 씻을 물도 주지 아니하였으되 이 여자는 눈물로 발을 적시고 그 머리털로 닦았으며 너는 내게 입 맞추지 아니하였으되 그는 내가 들어올 때로부터 내 발에 입 맞추기를 그치지 아니하였으며 너는 내 머리에 감람유도 붓지 아니하였으되 그는 향유를 내 발에 부었느니라. 이러므로 내가 네게 말하노니 그의 많은 죄가 사하여졌도다. 이는 그의 사랑함이 많음이라. 사함을 받은 일이 적은 자는 적게 사랑하느니라. 이에 여자에게 이르시되 네 죄 사함을 받았느니라. 하시니 함께 앉아 있는 자들이 속으로 말하되 이가 누구이기에 죄도 사하는가 하더라. 예수께서 여자에게 이르시되 네 믿음이 너를 구원하였으니 평안히 가라 하시니라.(눅 7:36-50)

천주교 바리사이 가운데 어떤 이가 자기와 함께 음식을 먹자고 예수님을 초청하였다. 그리하여 예수님께서는 그 바리사이의 집에 들어가시어 식탁에 앉으셨다. 그 고을에 죄인인 여자가 하나 있었는데, 예수님께서 바리사이의 집에서 음식을 잡수시고 계시다는 것을 알고 왔다. 그 여자는 향유가 든 옥합을 들고서 예수님 뒤쪽 발치에 서서 울며, 눈물로 그분의 발을 적시기 시작하더니 자기의 머리카락으로 닦고 나서, 그 발에 입을 맞추고 향유를 부어 발랐다.

예수님을 초대한 바리사이가 그것을 보고, '저 사람이 예언자라면, 자기에게 손을 대는 여자가 누구이며 어떤 사람인지, 곧 죄인인 줄 알 터인데.' 하고 속으로 말하였다. 그때에 예수님께서 말씀하셨다. "시몬아, 너에게 할 말이 있다."

시몬이 "스승님, 말씀하십시오." 하였다. "어떤 채권자에게 채무자가 둘 있었다. 한 사람은 오백 데나리온을 빚지고 다른 사람은 오십 데나리온을 빚졌다. 둘 다 갚을 길이 없으므로 채권자는 그들에게 빚을 탕감해 주었다. 그러면 그들 가운데 누가 그 채권자를 더 사랑하겠느냐?" 시몬이 "더 많이 탕감받은 사람이라고 생각합니다." 하고 대답하자, 예수님께서 "옳게 판단하였다." 하고 말씀하셨다. 그리고 그 여자를 돌아보시며 시몬에게 이르셨다. "이 여자를 보아라. 내가 네 집에 들어왔을 때 너는 나에게 발 씻을 물도 주지 않았다. 그러나 이 여자는 눈물로 내 발을 적시고 자기의 머리카락으로 닦아 주었다. 너는 나에게 입을 맞추지 않았지만, 이 여자는 내가 들어왔을 때부터 줄곧 내 발에 입을 맞추었다. 너는 내 머리에 기름을 부어 발라 주지 않았다. 그러나 이 여자는 내 발에 향유를 부어 발라 주었다. 그러므로 내가 너에게 말한다. 이 여자는 그 많은 죄를 용서받았다. 그래서 큰 사랑을 드러낸 것이다. 그러나 적게 용서받은 사람은 적게 사랑한다." 그러고 나서 예수님께서는 그 여자에게 말씀하셨다. "너는 죄를 용서받았다." 그러자 식탁에 함께 앉아 있던 이들이 속으로, '저 사람이 누구이기에 죄까지 용서해 주는가?' 하고 말하였다. 그러나 예수님께서는 그 여자에게 이르셨다. "네 믿음이 너를 구원하였다. 평안히 가거라."

(루카 7:36-50)

◆ **내담자**: 시몬(바리새인)

◆ 상담 경위

바리새인 시몬이 예수님을 자기 집으로 청하였다. 시몬의 동네에는 죄인인 한 여자가 있었는데 예수님께서 시몬의 집에 계시다는 소리를 듣고 나와서 눈물로 예수님의 발을 적시고 머리털로 예수님의 발을 씻고 입을 맞추며 자신이 가진 향유를 그 발에 부었다. 이것을 본 시몬은 예수님께 대한 의구심을 품었다. '이 여인이 죄인인 것을 모르니 예수님은 선지자가 아닌 모양이다.' '만일 예수가 정말 선지자라면 이 더러운 죄인을 용납하지 않아야 한다.'라는 것이 시몬의 생각이었다. 그는 '비난'이라는 비합리적 사고를 함으로써 냉혹하고 무자비하게 마음속으로 여인과 예수님을 정죄하고 그 상황을 판단했다.

◆ 내담자의 인상 및 행동 특성

바리새인이었던 시몬은 약간의 호의와 멸시로 선심을 쓰듯 예수님을 자신의 집에 초대했다. 명사들을 집에 초대하는 취미를 갖고 있었던 시몬은 겉으로는 선심을 써도 속으로는 남을 판단하는 경향을 보였다.

◆ 문제의 탐색

그 당시의 관습은 손님이 방문했을 때 다음의 세 가지 일을 행했다. 먼저 주인은 자기 손을 손님의 어깨에 얹고 평화를 기원하는 뜻의 입맞춤을 했다. 그것은 빠뜨릴 수 없는 존경의 표시였다. 다음으로 손님의 발을 씻고 피로 회복을 위해 시원한 물을 그 위에 부었다. 그 당시의 길은 오늘날처럼 잘 포장된 길이 아니라서 길을 걷다 보면 발이 먼지투성이가 되었다. 설상가상으로 신발은 밑창만 붙어 있고 발을 가죽끈으로 동여맨 것이었기 때문에 집에 들어오면 발을 꼭 씻어야 했다. 마지막으로는 향 내음이 좋은 약간의 향료를 분향하거나 장미향 한 방울을 손님의 머리에 부었다. 그러나 시몬은 예수님께 이런 예의를 하나도 갖추지 않았다. 이때 이 마을에 창녀였던 여인이 예수님께 나아와 눈물을 흘리며 머리를 풀어 예수님의 발을 씻고 항상 자신의 목에 걸고 다녔던 값비싼 설화석고를 깨어 예수님의 발에 향유를 부었다. 이것을 본 시몬은 여인을 물리치지 않으시는 예수님을 마음속으로 정죄하고 여인을 멸시했다.

◆ 상담의 목표 설정

- 정서적 결과 목표: 냉혹하고 무자비한 비난의 정서에서 벗어난다.
- 행동적 결과 목표: 자신만이 의롭다는 생각에서 벗어나 남에게 사랑을 실천할 수 있다.

◆ Ellis의 구조화 모델 단계에 따른 사례의 실제

- 구체적 사건 상황 및 환경의 탐색: 자신이 의롭다고 생각하고 남에게 자랑삼아 선심 쓰는 것을 좋아했던 시몬은 바리새인이면서도 예수님을 자기 집에 초대했다. 그러나 그에게 진정한 사

랑은 없었다. 자신이 갖추지 않은 예의를 온 몸과 마음을 바쳐 표현하는 여인을 보고서도 그는 예수님을 판단하고 정죄할 뿐이었다.

- 생각 · 신념 · 세상을 이해하는 방식의 탐색: 시몬은 결핍감이 없었고 사랑을 느끼지도 못했다. 그러므로 그에게는 누군가로부터 용서받은 체험도 없었다. 시몬은 '하나님과 사람 앞에서 나는 선한 사람'이라는 인식을 갖고 있었다. 그러나 타인에 대해서는 '죄인은 용납되어서는 안 된다.' '세상은 이에 대해 냉정한 판단을 해야 한다.'라는 비합리적 신념을 갖고 있었다.
- 문제 해결: 시몬의 생각까지 꿰뚫어 보신 예수님은 그의 비합리적 사고를 질문법과 대화법으로 논박하셨다. "빚 주는 사람에게 빚진 사람이 둘 있었다. 한 사람은 오백 데나리온을 빚졌고 한 사람은 오십 데나리온을 빚졌는데 갚을 길이 없었다. 이를 불쌍히 여긴 채주가 두 사람의 빚을 탕감하여 주었는데 두 사람 중에 누가 채주를 더 사랑하겠느냐." 예수님의 질문에 시몬이 "제 생각에는 많이 탕감함을 받은 사람입니다."라고 대답했다. 이때 예수님은 시몬의 생각과 행동에 대해 직언하신다. "내가 네 집에 들어오매 너는 내게 발 씻을 물도 주지 아니하였으되 이 여인은 눈물로 내 발을 적시고 그 머리털로 씻었으며, 너는 내게 입 맞추지 아니하였으되 저 여인은 내가 들어올 때부터 내 발에 입 맞추기를 그치지 아니하였으며, 너는 내 머리에 감람유도 붓지 아니 하였으되 저 여인은 향유를 내 발에 부었느니라." 예수님은 극명하게 대조를 이루는 시몬과 여인의 행동을 지적

하신 것이었다. 자신의 선함을 드러내기 위해 예수님을 집에 초대했던 시몬의 위선이 여지없이 드러나는 순간이었다. 이에 예수님께서는 "이 여인의 많은 죄가 사하여졌다. 이는 저의 사랑함이 많음이라. 사함을 받은 일이 적은 자는 적게 사랑하느니라."라고 하셨다. 여인은 절박한 결핍감을 갖고 있었다. 그녀에게는 아무것도 없었다. 그러므로 사랑의 원천이신 예수님을 사랑하지 않고는 견딜 수 없었고 그 결과 죄 사함을 받을 수 있었다. 반면, 시몬은 '자기만족'에 빠져 있었다. 사람은 악하면 악할수록 자신의 죄에 대한 죄의식이 없다. 죄 중에서도 가장 큰 죄는 죄의식이 없다는 것이다. 예수님은 시몬에게 이것을 깨닫게 하셨다.

- 과제를 통한 문제 해결 상태의 유지 및 영구적 문제 해결: 시몬이 죄 많은 여인이라고 생각했던 여인에게 예수님이 "네 죄 사함을 얻었느니라." "네 믿음이 너를 구원하였으니 평안히 가라."라고 말씀하시면서 이 이야기는 끝을 맺었다. 시몬은 죄 많은 여인과 자신을 대비시켜 말씀하신 예수님을 통해 자신의 행위를 돌아보게 되었다. 이후 그는 자신에게 그동안 용서와 사랑이 부족했음을 깨닫게 되었을 것이다. 그리고 그러한 결핍의식이야말로 하나님의 용서에 이르는 문이라는 사실을 알게 되었을 것이다.

26. 꼬부라진 여인 치유와 안식일 문제

누가 13:10-17

개신교 예수께서 안식일에 한 회당에서 가르치실 때에 여덟 해 동안이나 귀신 들려 앓으며 꼬부라져 조금도 펴지 못하는 한 여자가 있더라. 예수께서 보시고 불러 이르시되 여자여 네가 네 병에서 놓였다 하시고 안수하시니 여자가 곧 펴고 하나님께 영광을 돌리는지라. 회당장이 예수께서 안식일에 병 고치시는 것을 분 내어 무리에게 이르되 일할 날이 엿새가 있으니 그동안에 와서 고침을 받을 것이요 안식일에는 하지 말 것이니라 하거늘, 주께서 대답하여 이르시되 외식하는 자들아 너희가 각각 안식일에 자기의 소나 나귀를 외양간에서 풀어내어 이끌고 가서 물을 먹이지 아니하느냐. 그러면 열여덟 해 동안 사탄에게 매인 바 된 이 아브라함의 딸을 안식일에 이 매임에서 푸는 것이 합당하지 아니하냐. 예수께서 이 말씀을 하시매 모든 반대하는 자들은 부끄러워하고 온 무리는 그가 하시는 모든 영광스러운 일을 기뻐하니라.(눅 13:10-17)

천주교 예수님께서 안식일에 어떤 회당에서 가르치고 계셨다. 마침 그곳에 열여덟 해 동안이나 병마에 시달리는 여자가 있었다.

그는 허리가 굽어 몸을 조금도 펼 수가 없었다. 예수님께서는 그 여자를 보시고 가까이 부르시어, "여인아, 너는 병에서 풀려났다." 하시고, 그 여자에게 손을 얹으셨다. 그러자 그 여자가 즉시 똑바로 일어서서 하느님을 찬양하였다.

그런데 회당장은 예수님께서 안식일에 병을 고쳐 주셨으므로 분개하여 군중에게 말하였다. "일하는 날이 엿새나 있습니다. 그러니 그 엿새 동안에 와서 치료를 받으십시오. 안식일에는 안 됩니다." 그러자 주님께서 그에게 이르셨다. "위선자들아, 너희는 저마다 안식일에도 자기 소나 나귀를 구유에서 풀어 물을 먹이러 끌고 가지 않느냐? 그렇다면 아브라함의 딸인 이 여자를 사탄이 무려 열여덟 해 동안이나 묶어 놓았는데, 안식일일지라도 그 속박에서 풀어 주어야 하지 않느냐?" 예수님께서 이렇게 말씀하시니 그분의 적대자들은 모두 망신을 당하였다. 그러나 군중은 모두 그분께서 하신 그 모든 영광스러운 일을 두고 기뻐하였다.(루카 13:10-17)

◆ **내담자**: 회당장과 군중

◆ **상담경위**

예수님께서는 18년이나 몸을 펼 수 없었던 여인을 고쳐 주셨다. 그날은 안식일이었다. 율법에 따르면 안식일에 병을 고치는 것은 노동으로 간주되어 예수님은 안식일을 범한 것이 되었다. 그것을 본 회당장이 병 고침을 받기 위해 대기하고 있는 사람들에게 분노를 터트렸다. "일할 날이 엿새가 있으니 그동안에 와서 고침을 받을 것이요 안식일에는 말 것이니라." 그가 무리를 훑으며 한 말은 사실 예수님을 향해 던지는 항변이었다.

◆ 문제의 탐색

병 고침을 받으려고 모여선 무리에게 중요한 것은 법이나 제도가 아니라 자비와 사랑이었다. 그들에게 있어 18년간 등이 꼬부라져 있던 여인이 치유를 받은 사건은 정죄할 사건이 아니라 기쁜 소식이었다. 그러나 회당장에게는 예수님의 행동이 용납할 수 없는 율법에 대한 모욕이었다. 그는 참을 수가 없어 소리를 지르며 병 고침을 받기 위해 모인 사람들을 흩어지게 했다. 그것은 안식일에 병을 치유하시는 예수님에 대한 항변이었다. 예수님께 직접 항의할 용기조차 없었던 위인이 회당장이었다.

◆ 상담의 목표 설정

• 정서적 결과 목표

–절대적 · 극단적 사고를 융통성 있게 바꾼다.

–무자비와 인간가치 비하에서 벗어난다.

• 행동적 결과 목표: 편협한 종교관에서 벗어나 인간을 사랑한다.

◆ Ellis의 구조화 모델 단계에 따른 사례의 실제

• 구체적 사건, 상황 및 환경의 탐색: 여인은 18년간 등이 꼬부라

져 조금도 몸을 펴지 못했다. 여인은 삶의 의미를 잃어버리고 고통과 상실감에 사로잡혀 있었다. 유대인들은 질병을 죄의 결과로 보는 경향이 있었으므로 병자의 육체적 · 심리적 고통에 대해 동정하기는커녕 오히려 정죄하는 모습을 보였다. 여인은 이런 사람들 속에서 더 큰 소외감과 죄책감에 시달렸을 것이다. 이러한 사회적 배경에서 율법이 정하는 안식일에 병자를 치유하는 것은 질책을 받을 수밖에 없었다. 특히 관습과 율법에 사로잡혀 있던 회당장은 모인 병자들에게 분노를 터트렸다. 그러나 병든 무리가 간절히 원했던 것은 율법 준수보다 자비였다. 여기서 두 부류의 사람들이 대립상태를 이루게 되며 이것이 선행사건(A)이 된다.

- 생각 · 신념 · 세상을 이해하는 방식의 탐색: 회당장은 양분 논리적 사고자로 "안식일에는 결코 병을 고칠 수 없다." "항상 나는 의롭고 너희는 나쁘다."라는 진술을 했다. 그는 또 "안식일에 병을 고치면 위법자다." 등의 정서적 추론을 하는 등 왜곡된 신념을 갖고 있었고 제도를 인간 개인보다 중히 여겼다. 한 여인이 18년 동안 겪었을 고통과 참혹함은 안중에도 없었다. 회당장에게는 여인이 도움을 받아 치유를 받는가보다 회당장 자신의 사소한 율법이 준수되고 있는가가 더 중요한 문제였다. 그가 세상이나 인간을 판단하는 기준은 오직 율법 그 자체였다. 그러나 병자들의 무리는 "나는 병을 고칠 수 있다." "예수님은 나에게 자비를 베풀 것이다."라는 긍정적 사고와 신념을 갖고 있었다.
- 문제 해결: 회당장의 무자비하고 편협한 사고에서 나온 분노에

대해 예수님은 비유와 대화로 논박하신다. "외식하는 자들아, 너희가 각각 안식일에 자기의 소나 나귀나 마구에서 풀어내어 이끌고 가서 물을 먹이지 아니하느냐. 그러면 18년 동안 사단에게 매인 바 된 이 아브라함의 딸은 안식일에 이 매임에서 푸는 것이 마땅치 아니하냐." 당시 랍비들은 말 못하는 짐승들을 학대하는 것을 싫어했으므로 안식일이라고 해도 외양간에서 짐승들을 풀어 주고 물을 먹였다. 예수님은 안식일에 마구간의 짐승들을 풀어 물을 주면서 불쌍한 여인을 병마에서 해방시켜 주는 일에는 분노하는 랍비들의 왜곡된 신념을 풍자하심으로써 회당장을 부끄럽게 하셨다. 반면 병든 무리에게는 육체의 치유와 죄에서 해방되었다는 기쁨을 주셨다. 당시 병자들은 죄인 취급을 받고 사회에서 소외되었기 때문에 질병의 치유는 곧 사회적 관계 회복까지 의미했다.

- 과제를 통한 문제 해결 상태의 유지 및 영구적 문제 해결: 예수님은 어떤 사람이든 필요 이상으로 고통을 지속하는 것이 하나님의 뜻이 아님을 분명히 하셨다. 오늘 치유될 수 있는 고통을 내일까지 내버려 둘 필요가 없다는 것이었다. 예수님의 이러한 말씀은 병으로 고통받는 유대인들에게 새로운 자유를 주었다. 이는 율법이나 어떤 제도보다 인간의 존엄함을 우선하는 예수님의 신념을 잘 보여 주었다. 회당장은 자신의 외식과 편협한 사고를 부끄러워했고 온 무리는 예수님이 하시는 영광스러운 일을 기뻐했다. 모두들 사람에게 필요한 것은 율법이 아닌 사랑임을 자각했으니 함께 문제를 해결받은 셈이었다.

27. 고창병자의 치유와 안식일 문제

누가 14:1-6

개신교 안식일에 예수께서 한 바리새인 지도자 집에 떡 잡수시러 들어가시니 그들이 엿보고 있더라. 주의 앞에 수종병 든 한 사람이 있는지라. 예수께서 대답하여 율법사들과 바리새인들에게 이르시되 안식일에 병 고쳐 주는 것이 합당하냐 아니하냐. 그들이 잠잠하거늘 예수께서 그 사람을 데려다가 고쳐 보내시고 또 그들에게 이르시되 너희 중에 누가 그 아들이나 소가 우물에 빠졌으면 안식일에라도 곧 끌어내지 않겠느냐 하시니 그들이 이에 대하여 대답하지 못하니라.(눅 14:1-6)

천주교 예수님께서 어느 안식일에 바리사이들의 지도자 가운데 한 사람의 집에 가시어 음식을 잡수실 때 일이다. 그들이 예수님을 지켜보고 있는데, 마침 그분 앞에 수종을 앓는 사람이 있었다. 예수님께서 율법 교사들과 바리사이들에게, "안식일에 병을 고쳐 주는 것이 합당하냐, 합당하지 않으냐?" 하고 물으셨다. 그들은 잠자코 있었다. 예수님께서는 그의 손을 잡고 병을 고쳐서 돌려보내신 다음, 그들에게 말씀하셨다. "너희 가운데 누가 아들이나 소가 우물에 빠지면 안식

> 일일지라도 바로 끌어내지 않겠느냐?" 그들은 이 말씀에 아무 대답도 하지 못하였다.(루카 14:1-6)

◆ **내담자**: 율법사들과 바리새인들

◆ **상담 경위**

어떤 바리새인이 안식일에 예수님을 식사에 초대했다. 이때 율법사들과 바리새인들은 악의를 갖고 예수님을 엿보고 있었다. 그들은 예수님께서 어떻게 하시는가 보려고 수종병 든 사람을 예수님이 계신 집 안으로 들여보냈다. 그들은 예수님께서 안식일에도 병을 고치신다는 것을 이미 알고 있었다. 율법사들과 바리새인들은 안식일에 병을 고치는 일을 율법을 파괴하는 일로 생각했으므로 안식일에 치유 사역을 하는 예수님의 꼬리를 잡아 예수님을 제거할 계획을 세우고 있었다.

◆ **내담자의 인상 및 행동 특성**

율법에 대해 맹신하고 있는 내담자들은 무자비하고 위선적이었다.

◆ **문제의 탐색**

바리새인들과 율법사들은 규칙을 이행하는 것이 종교라고 생각했으므로 안식일에 병을 고치시는 예수님을 이해할 수 없었다. 그들은 안식일에 동물을 구하는 일은 정당한 일인데 사람을 구하는 일은 잘못이라는 모순투성이의 이론을 내세우곤 했다. 자신들이 만든 사소한 규칙과 규례들을 그것을 지키는 일에는 수고를 아끼지 않으면서도 병자의 고통을 덜어 주는 일은 죄로 규정했다. 예수님은 그들의 이런 모순을 정면으로 지적하셨다.

◆ **상담의 목표 설정**

- 정서적 결과 목표: 자신들의 규율이 비합리적이라는 것을 알고 타인에 대한 비난을 그친다.
- 행동적 결과 목표: 인간의 존엄성을 알고 대인관계에 있어 자비심을 갖는다.

◆ **Ellis의 구조화 모델 단계에 따른 사례의 실제**

- 구체적 사건, 상황 및 환경의 탐색: 안식일에 바리새인들의 집을 찾은 예수님께서는 수종병 든 사람을 보게 되셨다. 율법사와 바리새인들은 예수님을 율법 파괴자로 생각하고 예수님께서 어떻게 하실 것인지 악의를 갖고 지켜보고 있었다. 이를 알고 계신 예수님께서 먼저 바리새인들과 율법사들에게 질문하셨다. "안식일에 병 고쳐 주는 것이 합당하냐? 아니하냐?" 그 질문에 율법사와 바리새인들은 차마 대답을 하지 못하고 잠잠해졌다.
- 생각 · 신념 · 세상을 이해하는 방식의 탐색: 바리새인과 율법사는 '자비보다는 율법이 우선이다. 안식일의 치료는 법을 어기는 불의한 일이다.' '안식일에 병을 치료하는 사람은 이단자다.'라는 생각을 갖고 있었고, '율법 파괴자는 처단되어야 한다.' '율법을 지키지 않는 사람은 비난받고 처벌받아야만 한

다.'라는 비합리적인 사고에 사로잡혀 있었다. 그들은 종교적 편견으로 인해 종교의 본질인 사랑을 잊고 있었다.

- 문제 해결: 예수님은 바리새인들이 무슨 생각을 하고 있는지 알면서도 수종병자를 낫게 해 주셨다. 그리고 그들에게 그들 자신의 율법을 인용해 보였다. "너희 중에 누가 그 아들이나 소나 우물에 빠졌으면 안식일에라도 곧 끌어내지 않겠느냐?" 그 지방에서는 뚜껑을 덮지 않은 우물 때문에 종종 사고가 일어나곤 했다. 그러나 아무리 안식일이라도 우물에 빠진 짐승을 구해내는 일은 완전히 허용되어 있었다. "안식일에 동물을 구하는 일이 정당하다면 사람을 구하는 일이 왜 잘못이냐?"라는 예수님의 논박은 정곡을 찌르는 것이었다. 바리새인들은 예수님의 논박에 아무 대답도 할 수 없었다. 그들은 율법의 잣대로 모든 것을 재고 있었으나 자신이나 자신의 소유에 대해서는 너그러웠고 이웃에 대해서는 냉담했던 이중적인 자신의 모습에 직면한 것이었다. 그들은 예수님을 어떻게든 제거하기 위해 기회를 엿보고 있었으나 오히려 수종병자의 치유로 자신의 내면을 엿보게 되었다.
- 과제를 통한 문제 해결 상태의 유지 및 영구적 문제 해결: 예수님은 질문을 통해 바리새인들이 가진 비실용성, 비논리성, 비현실성을 자각하게 하셨다. 그들은 이후 자신의 내면에서 율법과 사랑이 충돌할 때마다 예수님의 질문을 떠올렸을 것이다.

28. 자신이 의롭다고 믿는 자와의 상담

누가 18:9-14

개신교 또 자기를 의롭다고 믿고 다른 사람을 멸시하는 자들에게 이 비유로 말씀하시되 두 사람이 기도하러 성전에 올라가니 한 사람은 바리새인이요 다른 하나는 세리라. 바리새인은 서서 따로 기도하여 이르되 하나님이여 나는 다른 사람들 곧 토색, 불의, 간음을 하는 자들과 같지 아니함을 감사하나이다. 나는 이레에 두 번씩 금식하고 또 소득의 십일조를 드리나이다 하고 세리는 멀리 서서 감히 눈을 들어 하늘을 쳐다보지도 못하고 다만 가슴을 치며 이르되 하나님이여 불쌍히 여기소서. 나는 죄인이로소이다 하였느니라. 내가 너희에게 이르노니 이에 저 바리새인이 아니고 이 사람이 의롭다 하심을 받고 그의 집으로 내려갔느니라. 무릇 자기를 높이는 자는 낮아지고 자기를 낮추는 자는 높아지리라 하시니라.(눅 18:9-14)

천주교 예수님께서는 또 스스로 의롭다고 자신하며 다른 사람들을 업신여기는 자들에게 이 비유를 말씀하셨다. "두 사람이 기도하러 성전에 올라갔다. 한 사람은 바리사이였고 다른 사람은 세리였다. 바리사이는 꼿꼿이 서서 혼잣말로 이렇게 기도하였다. '오, 하느님! 제가 다른 사람들, 강도 짓을 하는 자나 불의를 저지르는 자나 간음을 하는 자와 같지 않고 저 세리와도 같지 않으니, 하느님께 감사드립니다. 저는 일주일에 두 번 단식하고 모든 소득의 십일조를 바칩니다.' 그러나 세리는 멀찍이 서서 하늘을 향하여 눈을 들 엄두도 내지 못하고 가슴을 치며 말하였다. '오, 하느님! 이 죄인을 불쌍히 여겨 주십시오.' 내가 너희에게 말한다. 그 바리사이가 아니라 이 세리가 의롭게 되어 집으로 돌아갔다. 누구든지 자신을 높이는 이는 낮아지고 자신을 낮추는 이는 높아질 것이다."(루카 18:9–14)

◆**내담자**: 자신이 의롭다고 믿는 바리새인

◆**상담 경위**

바리새인은 자신을 의롭다고 믿고 다른 사람을 멸시했다. 그가 자신을 외롭다고 믿은 기준은 자신이 다른 사람들과 같이 토색하거나 불의하거나 간음을 하지 않았다는 것과 이레의 두 번씩 금식하고 소득의 십일조를 드렸다는 것이었다. 그는 이로써 '나는 다른 사람들과 다르다.'라고 생각했다. 즉, "자신은 다른 사람들과 달리 의인이다."라는 것이다. 이에 대해 예수님은 그의 교만을 비유로 논박하셨다.

◆**내담자의 인상 및 행동 특성**

자신은 의롭다고 생각하는 교만한 자로 남을 멸시하는 행동 특성을 갖고 있었다.

◆ 문제의 탐색

이 상담의 배경이 되는 팔레스틴에서는 경건하다고 일컬어지는 사람들이라면 매일 세 번씩 정해진 시간(오전 9시, 정오, 오후 3시)에 기도를 드렸다. 당시 사람들은 기도는 성전에서 드릴 때 가장 효과가 큰 것으로 생각해서 그 시간이 되면 많은 사람이 성전의 뜰로 올라가 기도를 드리곤 했다. 또 유대 율법에는 금식을 절대적으로 지키도록 규정하는 날은 속죄의 날뿐이었으나 많은 바리새인이 자신들의 경건함을 뽐내기 위해 월요일과 목요일에도 금식을 했다. 바리새인들은 또 십일조를 드리도록 되어 있지도 않은 물건까지도 십일조를 드리며 자신들이 남보다 더 의롭다는 것을 나타내려 했다.

◆ 상담의 목표 설정

- 정서적 결과 목표: 타인을 멸시하는 교만에서 벗어난다.
- 행동적 결과 목표: 자신이 의롭다고 주장하는 것이 외식임을 깨닫고 대인관계에서 겸손한 태도를 보인다.

◆ Ellis의 구조화 모델 단계에 따른 사례의 실제

- 구체적 사건, 상황 및 환경의 탐색: 바리새인들은 하나님께 기도하기보다 하나님 앞에서 자신에게 찬사를 돌리기를 좋아했다. 그들이 즐겨 금식했던 월요일과 목요일은 예루살렘이 지방에서 온 사람들로 붐비게 되는 장날이었다. 금식하는 자들은 그

얼굴을 희게 칠하고 어수선한 옷차림으로 나타나서는 가능한 한 가장 많은 청중에게 자신의 경건을 드러내려 했다. 또 자신들의 의를 드러내기 위해 십일조를 내야 할 항목으로 정해지지 않은 것까지 십일조를 드렸다. 그들의 태도는 바리새주의의 최악의 전형이었다 해도 과언이 아니었다.

- 생각 · 신념 · 세상을 이해하는 방식의 탐색: 그들은 모든 율법을 넘치도록 시행하고 있으므로 스스로 '나는 의로운 자이며 너보다 낫다.'라는 생각으로 사람들을 대했다. 또 '율법을 지키지 않는 자들은 멸시받아 마땅하다.'라는 의식이 있었다. 바리새인들이 세상을 이해하는 방식에는 '세상은 의로운 자의 편이며 의롭지 못한 자는 정죄와 비난을 받아 마땅하다.'라는 교만이 깊은 바탕에 깔려 있었다. 이들은 마음속으로 언제나 자신의 우월성을 자랑하고 있었다.
- 문제 해결: 예수님은 자신을 의롭다고 믿고 다른 사람을 멸시하는 자에게 비유로 논박하셨다. 이 비유에는 자신을 의인이라고 믿는 바리새인과 자신을 죄인이라고 믿는 세리가 등장하여 기도의 내용에서 극적인 대조를 이룬다. 바리새인은 나는 다른 사람들과 같지 않으며, 이러이러한 의로운 일을 하고 있다고 하나님 앞에 열거했다. 그러나 세리는 멀리 서서 감히 눈을 들어 하늘을 우러러보지도 못한 채 다만 가슴을 치며 "하나님이여 불쌍히 여기소서. 나는 죄인이로소이다."라고 고백한다. 예수님은 이 비유를 들려주신 후 바리새인보다 세리가 더 의롭다고 하셨다. 바리새인은 이 지적을 통해 남을 경멸하는 사람은 스스로

'의롭다'고 칭할 수 없음을 깨달았을 것이다. 인간은 스스로 의로운 행동을 한다고 자랑할 수 없다. 하나님 앞에서는 누구나 애통해할 수밖에 없는 죄인이기 때문이다. 참된 기도는 하나님과 함께하는 삶에서 비롯된다. 바리새인은 금식을 했고 남보다 넘치게 십일조도 바쳤다. 그는 세리와 같지 않았다. 그러나 하나님이 받으신 기도는 비탄에 잠겨 스스로를 낮춘 세리의 기도였다. 이 사실을 바리새인은 충격으로 받아들여야 했다.

- 과제를 통한 문제 해결 상태의 영구적 문제 해결: 바리새인을 평소 죄인으로 여겨 자신과 비교한다는 것만으로도 불쾌했을 세리의 행동이 자신의 행동보다 의롭다고 하는 예수님의 말씀을 충격적으로 받아들였을 것이다. 그 이후 그는 "무릇 자기를 높이는 자는 낮아지고 자기를 낮추는 자는 높아지리라."라는 예수님의 말씀을 뇌리에 새기고 삶 속에서 반복적으로 학습해야 했을 것이다.

29. 간음한 여인과의 상담

요한 8:3-11

개신교 서기관들과 바리새인들이 음행 중에 잡힌 여자를 끌고 와서 가운데 세우고 예수께 말하되 선생이여 이 여자가 간음하다가 현장에서 잡혔나이다. 모세의 율법에 이러한 여자를 돌로 치라 명하였거니와 선생은 어떻게 말하겠나이까. 그들이 이렇게 말함은 고발할 조건을 얻고자 하여 예수를 시험함이러라 예수께서 몸을 굽히사 손가락으로 땅에 쓰시니 그들이 묻기를 마지 아니하는지라 이에 일어나 이르시되 너희 중에 죄 없는 자가 먼저 돌로 치라 하시고 다시 몸을 굽혀 손가락으로 땅에 쓰시니 그들이 이 말씀을 듣고 양심의 가책을 느껴 어른으로 시작하여 젊은이까지 하나씩 하나씩 나가고 오직 예수와 그 가운데 섰는 여자만 남았더라.(요 8:3-11)

천주교 그때에 율법학자들과 바리사이들이 간음하다 붙잡힌 여자를 끌고 와서 가운데에 세워 놓고, 예수님께 말하였다. "스승님, 이 여자가 간음하다 현장에서 붙잡혔습니다. 모세는 율법에서 이런 여자에게 돌을 던져 죽이라고 우리에게 명령하였습니다. 스승님 생각은 어떠하십니까?" 그들은 예수님을 시험하여 고소할 구실을 만들려고 그렇게 말한 것이다. 그러나 예수님께서는 몸을 굽히시어 손가락으로 땅에 무엇인가 쓰기 시작하셨다. 그들이 줄곧 물어 대자 예수님께서 몸을 일으키시어 그들에게 이르셨다. "너희 가운데 죄 없는 자가 먼저 저 여자에게 돌을 던져라." 그리고 다시 몸을 굽히시어 땅에 무엇인가 쓰셨다. 그들은 이 말씀을 듣고 나이 많은 자들부터 시작하여 하나씩 하나씩 떠나갔다. 마침내 예수님만 남으시고 여자는 가운데에 그대로 서 있었다. 예수님께서 몸을 일으키시고 그 여자에게, "여인아, 그 자들이 어디 있느냐? 너를 단죄한 자가 아무도 없느냐?" 하고 물으셨다. 그 여자가 "선생님, 아무도 없습니다." 하고 대답하자, 예수님께서 이르셨다. "나도 너를 단죄하지 않는다. 가거라. 그리고 이제부터 다시는 죄짓지 마라."(요한 8:3-11)

◆ **내담자**: 간음한 여인

◆ **상담 경위**

서기관들과 바리새인들이 간음 중에 잡힌 여자를 예수님께로 끌고 왔다. 유대의 율법에 따르면 간음은 중죄였다. 간음은 우상숭배나 살인과 함께 죄를 짓는 것이 발견된 즉시 사형에 처할 수 있는 3대 범죄 중 하나였다. 법적인 견해로는 서기관과 바리새인들이 전적으로 옳았다. 간음한 자는 사형을 면할 수 없었다. 여인은 수치심과 두려움과 절망에 떨고 있었고 서기관과 바리새인, 그리고 그녀를 둘러싸고 있는 군중은 여인과 예수님을 동시에 지켜보았다. 그들의 마음속에는 정죄, 무자비, 예수님을 모함하려는 간교함만이 가득했다. 그들은 예수님을 시험하고자 "모세는 율법에 이러한 여자를 돌로 치라 명하였거니와 선생은 어떻게 말하겠나이까?" 하고 물었다.

◆ 내담자의 인상 및 행동 특성

여인은 죽음에 대한 공포와 절망에 떨고 있었다.

◆ 문제의 탐색

율법학자와 바리새인은 이 여인을 인격체로 보기보다는 예수님을 고난에 빠뜨릴 하나의 도구로밖에 보지 않았다. 그들은 권위를 가진 자들이었지만 자신들의 권위를 단지 형벌을 내리거나 유죄 선고를 하는 것으로만 여겼다. 그들에게 그 여자는 간음죄를 범한 파렴치한 죄인, 죽어 마땅한 죄인에 지나지 않았다. 그래서 율법학자와 바리새인들은 이 여인을 이용해 예수님을 궁지에 몰려 했다. 만일 예수님이 "돌로 쳐 죽여야 한다."라고 하면 사랑과 긍휼이 많은 분이라는 예수님의 명성을 더럽히게 되는 것이고 "용서해야 한다."라는 결정을 내린다면 모세의 율법을 깨뜨리고 불의를 조장한 자라는 오명을 씌울 수 있는 것이었다. 여인은 예수에 대한 송사를 공식화하기 위한 도구에 지나지 않았다. 그들에게 이 여자는 이름도, 인격도, 지각도, 감정도 없는 존재였던 것이다.

◆상담의 목표 설정

- 정서적 결과 목표: 수치심, 절망감, 공포에서 벗어난다.
- 행동적 결과 목표: 수치심에서 벗어나 새 삶을 산다.

◆Ellis의 구조화 모델 단계에 따른 사례의 실제

- 구체적 사건, 상황 및 환경의 탐색: 간음 중에 잡힌 여인이 서기관들과 바리새인들에게 끌려 예수님께로 왔다. 그들은 예수님을 고소할 조건을 찾기 위한 하나의 방법으로 간음한 여인을 이용하려 했던 것이다. 서기관들과 바리새인들은 과실을 범한 여인이 어찌하여 그런 일을 행했는지, 어떠한 유혹에 빠져 죄를 범했는지에 대한 고려를 전혀 하지 않았다. 그들은 그녀를 하나의 인격이 아닌 어떠한 사례로만 보았으므로 긍휼이나 동정심 따위는 전혀 보이지 않았다. 여인은 무자비한 그들 앞에서 돌에 맞아 죽을 수밖에 없는 상황이었다.
- 상황 · 신념 · 세상을 이해하는 방식의 탐색: 여인 역시 율법에서 간음죄를 어떻게 다루고 있는지 알고 있었을 것이다. 여인은 '나는 죽을 수밖에 없는 죄인이다.' '나는 결코 용서받지 못할 것이다.'라는 신념을 지니고 있었다. 그녀는 세상이 자신을 무가치하고 파렴치한 인간으로밖에 보지 않는다는 것을 잘 알고 있었기에 구원의 여지가 없다고 생각했다.
- 문제 해결: 극한의 수치심과 두려움에 떠는 여인을 데리고 온 서기관과 바리새인들은 예수님께 질문을 했다. 이 여인을 돌로 때려 죽여야 마땅하지 않겠느냐는 그들의 무자비한 질문에 예

수님은 침묵으로 논박하셨다. 질문에 대답하지 않으시고 몸을 굽히사 무언가를 땅에 쓰신 것이다. 예수님은 성급한 결단을 요구하는 자들에게 무언가 생각할 여지를 남기시려 했는지도 모른다. 그러나 서기관과 바리새인들은 계속 답변을 재촉했고 예수님이 마침내 대답하셨다. "너희 중에 죄 없는 자가 먼저 돌로 치라." 여기서 '죄 없는'이라고 하는 말의 뜻은 단순히 '죄가 없다'는 것뿐 아니라 '죄의 욕망이 없다.'라는 뜻도 된다. 한순간 그곳에는 침묵이 흘렀다. 얼마 안 되어 고발자들은 숨듯이 그 자리를 떠났다. 이 세상 누구도 죄가 없는 사람이 없고, 죄를 정죄하고 심판할 만큼 선량한 사람도 없다. 죽음의 공포 앞에서 죽은 듯 엎드려 있는 여인에게 예수님은 "여자여, 너를 고소하던 그들이 어디 있느냐? 너를 정죄한 자가 없느냐?"라고 깊은 동정심으로 물으셨다. "주여, 없나이다." 하고 여자가 대답했다. 여인은 예수님께서 자신의 죄를 용서해 주시자 두려움과 절망에서 벗어났다. 그렇다고 예수님께서 죄를 문제시하지 않는다는 것은 아니다. 예수님은 다시 여인에게 말씀하셨다. "나도 너를 정죄하지 아니하노니 가서 다시는 죄를 범치 마라." 예수님께서는 여인에게 죄인의 삶에서 벗어나 선한 삶을 살 기회를 주신 것이다. 예수님은 여인에게 모든 사람이 과거와 더불어 미래를 갖고 있다는 확신을 줌과 동시에 새로운 미래를 선물하셨다.

- 과거를 통한 문제 해결 상태의 유지 및 영구적 문제 해결: 예수님께서는 여인이 정죄감에서 벗어나도록 도우셨지만 동시에 죄를 범해서는 안 된다는 과제를 주셨다. 자신을 정죄하는 정죄감

에 사로잡혀 있는 사람은 새로운 미래에 도전할 수 없다. 또한 '아무리 해도 구원받을 수 없는 존재' 였던 자신을 믿어 준 예수님의 사랑 덕분에 자신의 선한 가능성을 믿게 되었다. 그것은 그녀에게 선한 삶을 개척할 수 있는 용기를 주었고 인생을 새롭게 바꾸는 전환점이 되었다.

30. 날 때부터 맹인인 자 치유

요한 9:1-12

개신교 예수께서 길을 가실 때에 날 때부터 맹인 된 사람을 보신지라. 제자들이 물어 이르되 랍비여 이 사람이 맹인으로 난 것이 누구의 죄로 인함이니이까 자기니이까? 그의 부모니이까? 예수께서 대답하시되 이 사람이나 그 부모의 죄로 인한 것이 아니라 그에게서 하나님이 하시는 일을 나타내고자 하심이라. 때가 아직 낮이매 나를 보내신 이의 일을 우리가 하여야 하리라. 밤이 오리니 그때는 아무도 일할 수 없느니라. 내가 세상에 있는 동안에는 세상의 빛이로라. 이 말씀을 하시고 땅에 침을 뱉어 진흙을 이겨 그의 눈에 바르시고 이르시되 실로암 못에 가서 씻으라 하시니(실로암은 번역하면 보냄을 받았다는 뜻이라) 이에 가서 씻고 밝은 눈으로 왔더라. 이웃 사람들과 전에 그가 걸인인 것을 보았던 사람들이 이르되 이는 앉아서 구걸하던 자가 아니냐. 어떤 사람은 그 사람이라 하며 어떤 사람은 아니라 그와 비슷하다 하거늘 자기 말은 내가 그라 하니 그들이 묻되 그러면 네 눈이 어떻게 떠졌느냐. 대답하되 예수라 하는 그 사람이 진흙을 이겨 내 눈에 바르고 실로암에 가서 씻으라 하기에 가서 씻었더니 보게 되었노라. 그들이 이르되 그가 어디 있느냐. 이르되 알

지 못하노라 하니라.(요 9:1-12)

천주교 예수님께서 길을 가시다가 태어나면서부터 눈먼 사람을 보셨다. 제자들이 예수님께 물었다. "스승님, 누가 죄를 지었기에 저이가 눈먼 사람으로 태어났습니까? 저 사람입니까, 그의 부모입니까?" 예수님께서 대답하셨다. "저 사람이 죄를 지은 것도 아니고 그 부모가 죄를 지은 것도 아니다. 하느님의 일이 저 사람에게서 드러나려고 그리된 것이다. 나를 보내신 분의 일을 우리는 낮 동안에 해야 한다. 이제 밤이 올 터인데 그때에는 아무도 일하지 못한다. 내가 이 세상에 있는 동안 나는 세상의 빛이다."

예수님께서는 이렇게 말씀하시고 나서, 땅에 침을 뱉고 그것으로 진흙을 개어 그 사람의 눈에 바르신 다음, "실로암 못으로 가서 씻어라." 하고 그에게 이르셨다. '실로암'은 '파견된 이'라고 번역되는 말이다. 그가 가서 씻고 앞을 보게 되어 돌아왔다.

이웃 사람들이, 그리고 그가 전에 거지였던 것을 보아 온 이들이 말하였다. "저 사람은 앉아서 구걸하던 이가 아닌가?" 어떤 이들은 "아니오. 그와 닮은 사람이오." 하였다. 그 사람은 "내가 바로 그 사람입니다." 하고 말하였다. 그들이 "그러면 어떻게 눈을 뜨게 되었소?" 하고 묻자, 그 사람이 대답하였다. "예수님이라는 분이 진흙을 개어 내 눈에 바르신 다음, '실로암 못으로 가서 씻어라.' 하고 나에게 이르셨습니다. 그래서 내가 가서 씻었더니 보게 되었습니다." 그들이 "그 사람이 어디 있소?" 하고 물으니, 그가 "모르겠습니다." 하고 대답하였다.(요한 9:1-12)

◆ **내담자**: 날 때부터 맹인인 사람

◆ **상담 경위**

날 때부터 소경이어서 앞을 보지 못하는 사람이 있었다. 그를 보고 제자들은 예수님께 질문을 했다. "이 사람이 맹인으로 난 것이 누구의 죄로 인함입니까? 자기입니까? 그 부모입니까?" 유대인들은 이처럼 병이나 장애를 죄와 연관시켜 생각하는 경향이 있었다. 인간의 장애가 나기 전부터의 죄 때문이거나 그 부모의 죄 때문이라고 생각했던 것이다. 맹인은 앞을 보지 못한다는 육체적 고통뿐 아니라 죄의식이라는 정신적 고통까지도 끌어안고 살아야 했다. 제자들의 냉혹한 질문 앞에 맹인은 한마디의 반발도 하지 못하고 제자들과 예수님 앞에 서 있었다.

◆ **내담자의 인상 및 행동 특성**

날 때부터 소경으로 육체적으로뿐 아니라 정신적으로도 위축되어 있는 상태였으나 예수님께 대한 믿음을 갖고 있었다.

◆ **문제의 탐색**

유대인들은 인간은 어머니의 배 속에 있을 때부터 이미 죄를 범할 수 있다고 믿었다. 또한 자식이 부모의 죄를 상속한다고 하는 구약 사상을 믿고 있었다. 맹인은 날 때부터 육체적 암흑뿐 아니라 정신적 암흑 속에서 고통을 감수해야 했다. 사람들은 그를 동정하기보다 죄인으로 여겨 소외시켰다. 그의 자존감은 낮아질 대로 낮아진 상태였고 자신이 태어나지 말았어야 할 죄인임을 늘 주홍글씨처럼 가슴에 새기며 살았다. '나는 저주받은 인간이다. 나에게 빛(소망)은 없다.'라는 생각에 그의 삶은 늘 암흑이었다.

◆상담의 목표 설정

- 정서적 결과 목표: 두려움, 죄의식, 절망에서 벗어날 수 있다.
- 행동적 결과 목표: 육신과 영혼이 치유받아 새로운 희망을 갖고 삶을 개척할 수 있다.

◆Ellis의 구조화 모델 단계에 따른 사례의 실제

- 구체적 사건, 상황 및 환경의 탐색: 날 때부터 소경이었던 사람이 어느 날 예수님을 만나게 되었다. 이 불쌍한 사람 앞에서 예수님의 제자들은 그의 자존심에 대한 배려도 없이 이 사람이 맹인이 된 것은 누구의 죄 때문이냐고 예수님께 물었다. 늘 죄인 취급을 받으며 살아온 맹인에게 이것은 생소한 일이 아니었다. 맹인은 모욕감과 수치심을 느꼈으나 반발하지 않고 가만히 있었다.
- 생각 · 신념 · 세상을 이해하는 방식의 탐색: 그는 날 때부터 장애인이었고 죄인 취급까지 받으며 살았다. 이제 자신에 대한 냉

대와 비난에 대해서 무기력해진 그는 사람들의 멸시에도 대응하지 않았다. 그 스스로 '나는 날 때부터 죄인이다.' '나는 무가치한 자이며 하나님께 저주받은 자이다.'라는 생각에 빠져 자신의 운명을 어쩔 수 없다는 체념과 절망 속에 살았던 것이다. 그런 그에게 세상은 냉혹하고 무자비한 곳이었다.

• 문제 해결: 제자들의 잔인한 질문 앞에 맹인은 잔뜩 몸을 움츠리고 있었다. 언제나 자신이 이해할 수 없는 문제로 인해 다시 한 번 비난을 받아야 했기 때문이다. 그런데 예수님께서는 뜻밖의 대답을 통해 제자들의 비합리적인 생각을 논박하셨다. "이 사람이나 그 부모가 죄를 범한 것이 아니다. 그에게서 하나님께서 하시는 일을 나타내고자 하심이니라." 그 소리를 들은 맹인은 온몸에 전율을 느꼈을 것이다. 하나님의 저주의 표상으로 여겨졌던 자신의 병이 죄 때문이 아니라 오히려 하나님이 하시는 일을 나타낼 영광의 도구였다니 얼마나 놀라운 일인가? 예수님은 그의 눈을 뜨게 하시는 육체적 치료 이전에 그가 평생 겪어 왔을 정신적 · 영적 고통에서 그를 벗어나게 하셨다. 그는 하나님이나 이웃으로부터 단절되어 있다고 여겼는데, 그것이 회복되는 순간을 맞게 된 것이다. 맹인이 평생 짊어지고 살아야 했던 고통이 사실은 하나님의 영광을 보이기 위해서 하나님으로부터 받은 기회라는 예수님의 논박이 그의 잊혀졌던 존재감을 회복시킨 것이다. 그에게 이제 예수님은 삶의 어두움을 좇아낸 빛이었다. 예수님은 이어 그의 육체를 치유하셨다. 예수님은 침을 뱉어 (고대사회에서는 침 뱉는 행위가 지극히 일반

적인 치료법 중 하나였다.) 진흙을 이겨 그의 눈에 바르시고 "실로암 못에 가서 씻으라."라고 하셨다. 이미 마음을 치유받은 소경은 거역하지 않고 단숨에 실로암 못으로 가서 씻고 눈을 떴다. 영 · 혼 · 육이 동시에 치유를 받은 것이다.

• 과제를 통한 문제 해결 상태의 유지 및 영구적 문제 해결: 문제해결에 따라 맹인은 기뻐하는 정서적 효과(cE)와 '나는 이제 죄인이 아니다.'라는 인지적 효과(cE)를 나타냈다. 그에게 남겨진 과제는 자신이 고침을 받았다는 것을 알리는 증거자가 되는 일이었다. 이웃들에게 자신이 경험한 기적을 납득시키는 데는 얼마간의 어려움이 있었지만 그는 예수님의 치유를 완강히 주장했다. "예수라 하는 분이 진흙을 이겨 내 눈에 바르고 나더러 실로암에 가서 씻으라 하기에 가서 씻었더니 보게 되었노라." 그는 예수님의 말씀처럼 하나님의 하신 일과 영광을 드러내는 사람으로서 제 몫을 했던 것이다. 그 후 그는 하나님과의 관계와 대인관계를 모두 회복하고 빛 된 삶의 증거자로 살았다. 삶의 영구적 문제를 해결받은 것이다.

참고문헌

김예식(1998). 우울증치료. 서울: 한국장로교출판사.

성서교재간행회(1994). 통독성경.

심수명(2004). 인격치료. 서울: 학지사.

한국천주교주교회의(2005). 성경.

Backus, W. (1985). *Telling the truth to troubled people*. Minneapolis, MN: Bethany House.

Bearman, A. (1978). Rational emotive therapy and Christian contribution. *Rational Living, 13*, 17-18.

Beit-Hallahmi, B. (1980). *Psychoanalysis and religion: a bibliography*. Norwood, PA: Norwood Editions.

Bergin, A. (1983). Religiosity and Mental Health: A Critical Reevaluation and Meta-analysis. *Professional Psychology, 14*, 170-184.

Bergin, A., Stinchfield, R., Gaskin, T., Masters, K., & Sullivan, C. (1988). Religious Life Styles and Mental Health: An Exploratory Study. *Journal of Counseling Psychology, 35*, 91-98.

Carter, D. (1986). An integrated approach to pastoral therapy. *Journal of Psychology and Theology*, *14*, 146-154.

Crabb, L. (1997). *Effective Biblical Counseling*. 정정숙 역. 성경적 상담학. 서울: 총신대학교출판부.

DiGiuseppe, R., Robin, M., & Dryden, W.(1990). On the compatibility of rational emotive therapy and Judeo-Christian philosophy: A focus on clinical strategies. *Journal of Cognitive Psychotherapy: An International Quarterly, 4*, 355-368.

Ellis, A. (1960). There is no place for the concept of sin in psychotherapy. *Journal of Counseling Psychology, 7*, 188-192.

Ellis, A. (1962). *Reason and emotion in psychotherapy*. Secaucus, NJ: Citadel.

Ellis, A (2002). Can REBT be effectively used with people who have doubt beliefs in God and religion? *Professional Psychology: Research and Practice*, 31, 29-33.

Hauck, P. (1972). *Reason in pastoral counseling*. Philadelphia: Westminster.

Jazonc, R. (1980). Feeling and Thinking: Preferences Need No Inferences. *American Psychologist, 35*, 151-175.

Jazonc, R. (1984). On the Primacy of Affect. *American Psychologist*, *39*, 117-123.

Johnson, W. (1992). Rational emotive therapy and religiousness: A Review. *Journal of Rational Emotive and Cognitive Behavior Therapy*, *10*, 21-35.

Johnson, W. (1993). Christian Rational Emotive Therapy: A Treatment Protocol. *Journal of Psychology and Christianity*, *12*, 254-261.

Jones, S. (1989). Rational emotive therapy in christian perspective. *Journal of Psychology and Theology, 17*, 110-120.

Lawrence, C. (1987). Rational emotive therapy and the religious client. *Journal of Rational Emotive and Cognitive Behavior Therapy*, *5*, 13-21.

Lawrence, C., & Huber, C. (1982). Strange bedfellows? Rational Emotive therapy and pastoral counseling. *Personnel and Guidance Journal*, *61*, 210-212.

Lazarus, R. (1982). Thoughts on the relations between emotion and cognitive. *American Psychologist*, *37*, 1019-1024.

Lazarus, R. (1984). On the primacy of cognition. *American Psychologist,* 39, 124-129.

Litchfield, B., & Litchfield, N. (2002). *Christian Counseling and Family Therapy*. 정동섭, 정성준 공역. 기독상담과 가족치료 2. 서울: 예수전도단.

Luria, A. (1969). Speech and formation of mental processes. In M. Cole and I. Maltzman (Eds.), *Handbook of Contemporary Soviet psychology*. New York: Basic Books.

McMinn, M. (1996). *Cognitive Therapy Techniques in Christian Counseling*. 정동섭 역. 기독교상담과 인지요법. 서울: 도서출판두란노.

Nelsen, S., Johnson, W., & Ridley, C. (2000). Religiously sensitive rational emotive behavior therapy: Theory, techniques and brief excerpts from a case. *Professional Psychology: Research and Practice, 31*, 21-28.

Nelsen, S., Johnson, W., & Ellis, A. (2001). Counseling and Psychotherapy With Religious Persons. Lawrence Erlbaum Associates.

Nielsen, S. (1994). Rational Emotive Therapy and Religion: Don't throw the therapeutic baby out with the holy water. *Journal of Psychology and Christianity, 13*, 283-292.

Powell, J. (1976). *Fully human, fully alive*. Valenca, CA: Tavor.

Propst, L. B. (1988). *Psychotherapy in a Religious Framework*. New York: Human Sciences Press.

Robb, H. (1988). *How to stop driving yourself crazy with help from the Bible*. New York: Institute for Rational Emotive Therapy.

Stoop, D. (1982). *Self-talk: Key to personal growth*. Old Tappan, NJ: Revell.

Thurman, C. (1989). *The lies we believe*. Nashville, TN: Thomas Nelson.

Vygotsky, L. S. (1962). *Thoughts and language*. New York: Wiley.

Walls, G. (1980). Values and Psychotherapy: A Comment on psychotherapy and Religious values. *Journal of Consulting and Clinical Psychology, 48*, 640-641.

Warner, R. (1990). *Theoretical orientations of Canadian Professional psychologists*. in press (Canadian Psychology).

Warnock, S. (1989). Rational emotive therapy and the christian client. *Journal of Rational Emotive and Cognitive Behavior Therapy, 7*, 263-274.

Young, H. (1984). Practicing RET with Bible-belt Christians. *British Journal of Cognitive Psychotherapy, 2*, 60-76.

찾아보기

저자 소개

박경애

미국 Truman State University 영문학 학사
미국 University of Missouri-Columbia 교육 및 상담심리학 석사 · 박사
한국심리학회 상담심리전문가 · 부부 및 가족상담전문가
한국상담학회 수퍼바이저급 학교상담전문가
행동요법학회 행동요법전문가 1급
미국 Missouri 주정부 학교심리학자
미국 Rational Emotive Behavior Therapy Institute
REBT 전문가 자격증 · 전문가 지도 감독자격증
현 광운대학교 교육대학원장
한국학교상담학회 회장
행동요법연구회 회장
한국REBT연구회 회장
미국심리학회 회원

오인숙

서울교육대학교 교육학 학사
협성신학대학교 목회학과 학사
국민대학교 교육대학원 상담심리학과 석사
중등 상담 정교사 2급
국정교과서 집필 및 심의 위원(4차 · 5차 · 6차 교육과정)
지하철 〈사랑의 편지〉 집필진
아세아연합신학대학교 평생교육원 강사
연세대학교 평생교육원 강사
광운대학교 전문상담교사 양성과정 강사
우촌초등학교 교장
영화초등학교 교장
현 기독교치유상담교육연구원 교수
한국학교상담학회 초등 상담 위원장
한국스트레스학회 연구이사
극단 우물가 학술이사

인지정서행동치료의 기독교적 적용

2012년 2월 20일 1판 1쇄 인쇄
2012년 2월 28일 1판 1쇄 발행

지은이 • 박경애 · 오인숙
펴낸이 • 김진환
펴낸곳 • (주) 학지사
121-837 서울시 마포구 서교동 352-29 마인드월드빌딩 5층
대표전화 • 02-330-5114 팩스 • 02-324-2345
등록번호 • 제313-2006-000265호

홈페이지 • http://www.hakjisa.co.kr
커뮤니티 • http://cafe.naver.com/hakjisa

ISBN 978-89-6330-832-6 93180

정가 14,000원